图说人文中国

主编 范子烨

千秋盛世

图说隋唐五代

罗昊 赵永 撰

商务印书馆
The Commercial Press
2016年·北京

图书在版编目(CIP)数据

千秋盛世:图说隋唐五代/罗昊,赵永撰.—北京:商务印书馆,2016
(图说人文中国)
ISBN 978-7-100-12393-8

Ⅰ.①千… Ⅱ.①罗…②赵… Ⅲ.①文化史—中国—隋唐时代—图集②文化史—中国—五代十国时期—图集 Ⅳ.①K240.3-64

中国版本图书馆 CIP 数据核字(2016)第 164267 号

所有权利保留。
未经许可,不得以任何方式使用。

千秋盛世——图说隋唐五代
罗昊 赵永 撰

商 务 印 书 馆 出 版
(北京王府井大街36号 邮政编码100710)
商 务 印 书 馆 发 行
北京新华印刷有限公司印刷
ISBN 978-7-100-12393-8

2016年12月第1版　　开本 787×1092　1/16
2016年12月北京第1次印刷　印张 8½
定价:30.00元

目录

导 读 / 001

人物篇
- 周隋禅代隋文帝 / 008
- 炀帝之殇 / 009
- 一代雄主唐太宗 / 010
- 女皇武则天 / 012
- 唐明皇 / 014
- 归隐的吴越王 / 014

典制篇
- 严密的官制 / 018
- 科举之盛 / 020
- 完备的唐律 / 023
- 均田制与租庸调制 / 024
- 两税法的实施 / 026
- 府兵制的兴衰 / 028

经济篇
- 开元通宝的流通 / 032
- 锦上胡风 / 033
- 流光溢彩金银器 / 035
- 铜镜的使用 / 037

外交篇
- 丝路迢迢 / 040
- 无畏的中国使者 / 045
- 三夷教 / 049
- 来自西方的奢华 / 053
- 遣唐使与正仓院宝物 / 057

民族篇
- 突厥 / 062
- 回纥 / 064
- 吐蕃 / 067
- 南诏 / 070
- 渤海 / 073

	尊儒崇道 / 076
宗教篇	皇家与佛门 / 081
	译经与刻经 / 084
	佛国气象 / 088

	诗词文章 / 094
文艺篇	书法风骨 / 096
	丹青写作无声诗 / 099
	雕石塑土 / 104

	僧一行和孙思邈 / 108
科技篇	安济桥、南禅寺和佛光寺 / 111
	雕版印刷术 / 116
	火药走向战场 / 117

	催马战犹酣——打马球 / 120
	狩猎之乐 / 121
娱乐篇	"梨园"由来 / 123
	流香动舞巾 / 124
	博弈游戏 / 126

结 语	/ 127

导读

自东汉董卓之乱后，中国社会基本上处于分裂割据的状态之中，长达四百年之久。然而，经过数百年的民族冲突、交往与共存，南北各民族在经济生活、文化语言、生活习惯等方面逐渐接近并趋于一致，民族之间的隔阂与成见也逐渐磨合或消失。历史正悄然沿着由分到合的方向缓慢进行着。

魏晋以来持续数百年由分裂走向统一的大业，是在隋文帝杨坚手中得以最后完成的。封建时期的许多重要典章制度，也是在隋文帝时期得到整合与创新，并对后世产生了很大的影响。但隋炀帝杨广好大喜功，张弛失度，终于重蹈二世而亡的覆辙，被后继者唐朝的光芒所覆盖。

在隋末战乱中起兵的太原留守李渊建立了唐朝，并陆续消灭了南北各地的割据武装，统一了全国，大唐盛世由此开启。唐朝前期，天下从大乱走向大治，出现了"贞观之治"的安定局面。历经武周时代的持续发展和财富积累，至开元、天宝时期，唐朝进入了全盛阶段，其时经济繁荣，文化灿烂，国力雄厚，声威远播。然而就在唐朝盛极之时，"安史之乱"爆发，唐朝也从此由盛转衰。唐中期以后，内乱外患交困，藩镇割据，宦官专权，朋党纷争，异族入侵，国势江河日下，昔日辉煌的帝国处于风雨飘摇之中，最终在唐末农民大起义中奏响了挽歌。随后，在藩镇割据基础上出现了五代十国的分裂局面。

不可否认，如同"秦汉"一样，"隋唐"是中国历史上极为鼎盛的时期。时至今日，在国外的许多地方仍将华人称为"唐人"，并有专门的"唐人街"，由此可见隋唐的影响是多么的深远。盛世必是治世，大治才有大盛。隋唐盛世的出现是古代社会财富积累、文化发展的必然，而统治者采取的治理国家的各项政策、制度、法规同样起了重要的作用。以隋文帝杨坚和唐太宗李世民为代表的一大批政治家，从历代兴亡中总结出了丰富的政治经验，在政治、经济上实行了一系列改革，从国家机构到典章制度均有所创新，比较全面地发展了中央集权的国家制度，形成了体制详备的政治制度。

隋朝在官制上最重要的建树是确立了三省六部制的决策行政体制。唐朝继承了这一制度并加以改革，制定了严格完整的官制和行政体制，构建了分工细密周至的官员机构，对治世的出现起到了有益的促进作用。而庞大的官僚机构需要大批合格的人才。隋朝取消了"九品中正制"，采用分科考试的科举制选拔人才。唐朝又在此基础上逐渐加以充实、完善，通过科举考试选拔和笼络了一大批有用之才，削弱了汉魏以来士族门阀对仕途的垄断，改善了官场和吏治状况。从此以后，科举成为中国古代主要的人才选拔制度，并延续了一千多年，直到清末才完结。

唐初政治家总结了历代兴亡盛衰的历史教训，经多次修改、增删，制定出著名的唐律。高宗时又对律文逐条进行了注释疏解，修撰了《唐律疏议》，这是中国现存最早、最完整的一部封建法典。唐律吸取了前代立法的各种优点，概括了古代国家的政治、经济、军事、司法、外交、文化及婚姻家庭、债权债务、礼仪风俗等几乎当时社会生活的全部内容，体系完整，内容完备，是中国古代法律制度臻于成熟的标志，对后世和周围国家产生了深远影响。

构筑盛唐气象底蕴的，是国家的安定与经济的繁荣。而经济的繁荣与国家的安定，与唐前期实施的均田制与府兵制关系极大。均田制的基本原则是按照人丁授田，在此基础上实行租庸调制度，而各军府的府兵由均田农民轮流充当，所有二十岁到六十岁的授田农民都有服兵役的义务。均田制与府兵制遭到破坏之际，也是唐王朝由盛转衰之始。代之而起的两税法与募兵制，也是顺应时势变化所需之制，但在当时流弊不少。这既有制度本身的缺陷，也与王朝盛衰的大势有关。

完备的政治制度，对当时高度的物质文明和精神文明的形成，起到了极大的推动和保障作用。隋唐五代时期，农业技术有了巨大的发展，表现在农田水利技术和土地利用、农具、耕作栽培技术、园艺和茶树栽培技术、畜牧兽医和养鱼业以及农学著作等方面的发展和创新。随着农业的进步，手工业也得以发展。隋朝的私营和官营手工业中，都有达到很高水平的种类。织锦技术发展到一个新的水平，世人称叹；制瓷业中，当时已有白瓷出现，并且能够制造玻璃；造船业空前发达。唐代手工业的规模和水平，都达到了一个空前的高度。纺织业是唐代主要的手工业部门，唐前期，丝织、麻织、棉织的种类和产量都十分可观，成为国家租庸调的对象。采矿业，尤其是铁、铜、锡等矿业，在整个唐代保持兴盛的状态。瓷器的制作中，越州的类玉类冰，邢州的类银类雪，釉下彩的技法开始使用，三彩陶器为后世称道。中国金银器和铜镜的生产和使用，到了隋唐时期，无论在生产技术、制作工艺，还是在造型、纹饰方面，都达到了炉火纯青的地步。

在农业和手工业发展的基础上，商业贸易也空前活跃。隋朝统一货币，更铸五铢钱，解决了周、齐以来货币轻重不等的问题，便利了商品的流通。大运河开通后，商旅往返不绝，促进了南北经济交流和商业的发展。与经济繁荣互为表里，隋唐时期的基础设施建设也成就斐然。一代都城长安，举世瞩目。后来营建的东都洛阳，与长安遥相呼应，成掎角之势。其宏大的规模、严整的秩序和磅礴的气势，在世界城市建设史上留下了光辉的一页。

经过魏晋南北朝时期全国范围内的迁徙、大混杂和相互融合，隋唐时的民族成分和分布已发生了很大变化。生活在我国境内的少数民族主要有突厥、回鹘、吐蕃、南诏、靺鞨、奚、契丹、俚、僚等，这些民族当时处于不同的社会发展阶段。由于唐王朝国力强盛、文化先进，以唐为中心，各民族间的交往空前繁荣，关系十分密切。在政治上他们或直接统属于唐，或以不同形式承认隋唐等中央王朝的宗主地位而统一在中央皇朝的版图之中。虽然当时有些少数民族与中原王朝也不时发生摩擦，有时甚至连年开战。但从总体上说，唐王朝执行的是较为开明的民族政策，使得各民族之间的距离越来越近，并且以汉族为中心，在经济、文化等各个方面相互补充，你中有我，我中有你，促进了各民族间的进一步融合和各民族的发展，形成了唐帝国这样一个统一的多民族的强大国家。

实行对外开放，是一个国家和民族发展自身的重要途径，隋唐封建文明的高度发展，与实行对外开放的基本国策密切相关。由于经济社会的发展水平在当时世界上处于领先地位，隋唐王朝较前代统治者有更多的自信，敢于在更多的领域内实行开放政策，对外交往也呈现出前所未有的扩大态势。既有经济贸易的往来，也有思想文化的交流，还有政治领域的接触。新罗、日本、越南等国曾多次派遣遣唐使、留学生、学问僧来中国。相应地，唐朝前期的玄奘到印度、义净到印度尼西亚学取佛经，影响很大。鉴真几次东渡，并长期居住日本，在宣教受戒的同时，在建筑艺术、医药等方面，也为日本人民做出了巨大贡献。隋唐文明中，包含有当时世界上许多国家和民族的贡献，又对当时与之交往的许多民族与国家产生了积极的推动作用。

由于国力强盛和实行兼容并包的文化与宗教政策，唐代的各种宗教都得到了较充分的发展，并往往彼此和平相处。在尊儒的同时，唐朝统治者对佛、道二教也给予了极大礼遇。佛教在唐代达到极盛，形成若干中国式的佛教宗派，教义哲理有重大创造和飞跃发展，出现一大批高僧大德，求法、译述与传教活动也空前活跃，呈现一派兴旺发达的景象。道教由于得到李唐朝廷的大力支持也迅速发展，一批道教学者融儒援佛，推动道教教义趋于深化；道藏的编撰也开始进行。贞观礼、显庆礼、开元礼的陆续修成，使得传统的宗法性国家宗教的祭祀仪式得以统一和齐备，形成中世纪中国统一国家宗教祭祀的常制。随着与西亚、中亚和西域各国的频繁交往，景教、伊斯兰教、火祆教、摩尼教也传入内地，并获得合法的地位与发展。

在强盛和开放的社会氛围下，唐代文人的精神面貌发生了很大变化，具有积极入世的政治热情和昂扬奋发的精神状态。唐代文人的思想异常活跃，唐代文学打破了六朝文学的狭窄格局和浮艳风气，展现出极为广阔的社会生活画面。以李白、杜甫、白居易等人为代表的文学创作，把诗歌这一艺术形式发挥到了极致。以韩愈、柳宗元为核心人物所倡导的古文运动和古文创作，一扫浮艳僵化的骈体文风，对中国古代散文做出了很大贡献。唐代书法以"二王"为宗，兼融碑刻、篆隶、真楷风范，由欧、虞而颜、柳，书家辈出，最终形成规范。草书发展至盛中唐，出现张旭、怀素二家，得之自然。书法笔墨、结体的探讨，已超出了书法本身，而影响到后世文人画在形式、美感等方面的追求。

唐代是中国古代美术发展史上一座新的高峰，唐太宗要求美术具有"成教化、助人伦"的社会功能，人物画得到迅速发展，成就斐然。题材内容广泛，涉及政治事件、贵胄仕女、鞍马人物、田园风物等。人物形象摆脱程式化、概念化的描绘，更加注意人物精神的刻画。逐渐成熟的山水画，已有青绿、水墨的分野，花鸟画在唐代也初放异彩。佛道画家活跃于石窟寺院，创造了艺术价值极高的宗教艺术形象，成为千百年传摹的典范。

以石窟寺造像、陵寝前的石雕、墓葬中的俑器为主要种类的雕塑艺术也日臻完善。佛教造像热情由贵胄遍及民间，活跃于宫廷寺院的良工巧匠，传写仪容，极尽真实。敦煌彩塑、天龙山造像、龙门奉先寺雕像，体现了这一时期佛教造像的极高成就。唐代帝陵，依山建造，陵表仪卫，整肃庄严。墓室玄宫，埏马俑人，栩栩如生。这些作品不仅代表了此一时期的雕塑水平，而且也直接反映了隋唐的社会生活和审美风尚。

魏晋以来，边陲少数民族和邻境诸民族的音乐歌舞艺术大量传入中原，给汉族音乐注入了新鲜因素，带来了蓬勃的活力。唐代壁画中绘有千姿百态的乐舞图，敦煌壁画中还描绘了许多欢快的民间乐舞场面。这些作品不仅是唐代绘画艺术的成就，还反映了唐朝音乐歌舞盛行的社会风气。盛唐时期，国家安定富足，唐玄宗本人又酷爱艺术并富于才能，宫廷管理乐舞的机构——教坊得到了极大发展。唐玄宗还在宫廷内设置了梨园，更加促进了音乐歌舞艺术的发展。

隋唐时期社会的发展为体育的兴盛提供了有利的社会条件。宫廷、军队、民间的体育活动都非常活跃。马球、蹴鞠、击剑、角抵、狩猎等竞技活动空前盛行，规模宏大。围棋、象棋、弹棋等则成为最普遍的娱乐消遣活动。

唐朝丰足的经济生活、深厚的文化积累、较为宽松的政治氛围，以及频繁的中外交流，从各个角度促进了科学技术的发展。这一时期发明创造层出不穷，优秀的人才不断涌现，为后人留下了大量的专著、文献、教材，以及精巧的科学仪器。唐玄宗时，僧一行完成的《大衍历》，比较准确地掌握了地球在绕太阳运行时速度变化的规律。在医学方面，隋朝巢元方等人的《诸病源候论》、隋唐时期孙思邈的《千金方》和《千金翼方》，唐高宗时苏敬等人修订的《唐本草》，把这一时期的医学推向了一个高峰。在建筑技术方面，隋代李春设计建造的赵州安济桥，隋代建筑家宇文恺等设计的长安城，堪称世界之最。隋末唐初发明的雕版印刷术是当时世界上最先进的印刷术，在五代时期走向民间。文化科技领域的进步与社会经济的繁荣，一起构成这一时期社会的整体文明与进步。

隋唐五代以高度的凝聚力继承了中国古代文化的优良传统，以旺盛的吸收力融汇了外来文化的新鲜养料，以惊人的创造力造就了世界性的文化，并饱含着那个时代特有的世界精神与宏大气魄，散发着永久的文化趣味和精神魅力。

人物篇

周隋禅代隋文帝

杨坚出身权贵,父杨忠为北周功臣,封隋国公。杨坚承袭父爵,又因灭北齐有功进位柱国,其后在仕途上青云直上,权倾朝野。公元581年,周静帝以杨坚众望有归下诏宣布禅让。杨坚三让而受天命,即皇帝位,定国号为大隋,改元开皇。公元589年,大隋灭了南方的陈,统一了全国,同年琉球群岛归降隋朝,突厥可汗尊杨坚为圣人天可汗,表示愿为藩属永世归顺。隋文帝结束了中国长期混乱的局面,实现了中国历史上的第二次大一统。

隋文帝杨坚像
明人绘

隋朝建立以后,在政治、经济等制度方面进行了一系列的改革。在中央实行三省六部制,将地方的州、郡、县三级制改为州、县两级制,地方官吏一律由中央任免。创立科举制、修订开皇律。减轻刑罚和徭役,实行均田制、租庸调法,整顿货币和度量衡。同时,隋文帝大兴文化,提倡节俭。隋文帝的一系列改革措施,使隋朝政权得以稳固、经济得到恢复、社会安定、文化发展,史称"开皇之治"。虽然他开创的隋王朝只存在短短的三十七年时间,却给后世留下了深远的影响。

炀帝之殇

隋炀帝杨广是文帝杨坚的第二子，13岁就封为晋王，后渡江伐陈、平叛江南、北御突厥，屡建功勋，出将入相，声名冠于诸王。

但杨广并不满足于此，为争夺太子位，他矫饰言行，博取父母欢心；笼络权臣，取得其支持；又利用文帝夫妇对长子杨勇的疑忌，挑拨双方的关系，杨勇终于被废为庶人。杨广又与杨素合谋杀死病中的隋文帝，伪造文帝遗诏，处死杨勇，登上皇位。

炀帝初登大宝，也曾雄心勃勃。他下令收集整理大量文化典籍，并建馆收藏；恢复学校，创立科举制；改制六部、减轻赋役；开凿大运河，促进南北经济的发展；经略西域，开疆拓土。"隋氏之盛，极于此也。"但是强盛的隋王朝也毁于炀帝。他大兴土木，广事征调，到处巡游，挥霍浪费。几乎年年出游，南至江都，北出榆林，东北过涿郡，西抵张掖。每次出巡，从者数十万，舟车仪仗，极尽奢华。三次征伐高丽，惨败而归。在位期间，前后强征的役丁不下千万，死于役者无数。

最终，炀帝在四面楚歌的社会反抗中结束了一生，为宇文化及所杀，隋朝大厦也随之倾倒。

| 大运河图

一代雄主唐太宗

李渊登基建唐之后,并没有成为真正的天下之主,唐政权的势力范围不过关中一带,唐朝面临着四面受敌的艰难局面。在持续多年的统一天下的战争中,李渊次子李世民驰骋疆场,西平薛举父子,北灭刘武周,东败王世充、窦建德,骁勇善战,功绩卓著。但长子李建成也立下了汗马功劳,李渊按照立嫡为长的传统,立长子建成为太子。但李世民功劳、声望远超其兄长,又胸怀大志,在战争中也形成了自己的势力。一场皇位继承权的争夺势不可免。

武德九年(626),李世民率部众在玄武门杀死太子建成和齐王元吉,其后迫其父李渊退位,自己坐上皇位,是为唐太宗,年号"贞观"。贞观时期,唐太宗改定官制,确定了三省六部制;精简机构,节约财政开支;修订唐律,完善科举制,兴办学校,严格赏罚,等等。同时实行轻徭薄赋、休养生息的政策,减轻百姓负担,发展生产。这些措施使得经过隋末战乱满目疮痍的社会得到恢复发展,仅十几年间便出现了"马牛饰野,外户不闭"的太平景象,史称"贞观之治"。经过数年的休养生息后,唐太宗北灭东突厥、薛延陀,西平吐谷浑,征服西域诸国,以和亲笼络吐蕃,使得唐朝疆域极大扩展,同时注意改善民族关系,使得"胡越一家,自古未有",唐太宗也被尊为"天可汗"。唐太宗知人善任,求贤若渴,朝中人才济济,贞观善政流传青史,历代传颂。

| 唐太宗李世民像

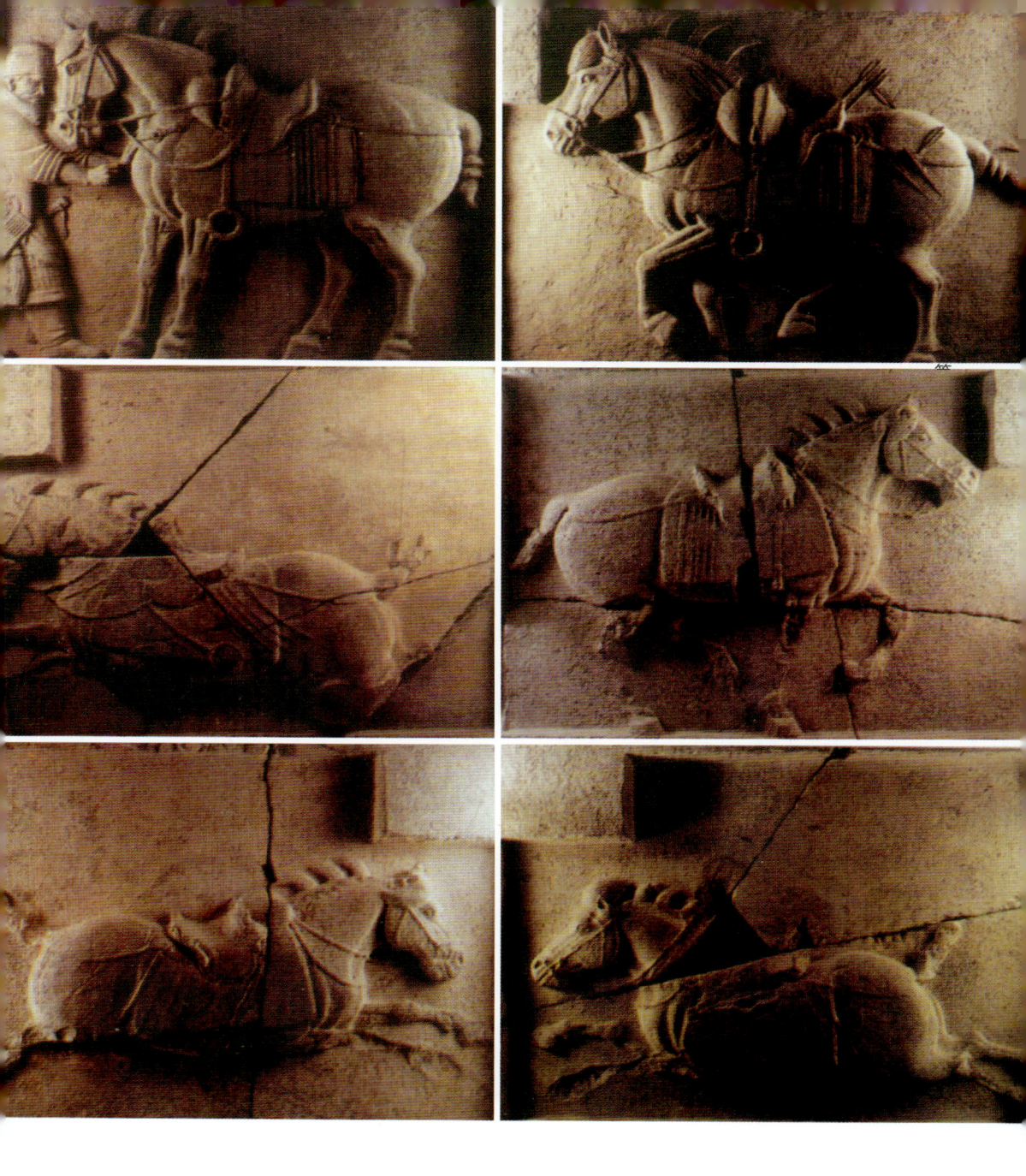

昭陵六骏

昭陵是李世民墓，位于陕西省礼泉县东北。唐太宗为纪念自己的开国武功，将常骑乘破敌的六匹战马——飒露紫、拳毛䯄、白蹄乌、特勤骠、青骓、什伐赤刻石为像立于陵上。20世纪初，飒露紫、拳毛䯄被盗运出国，其余四石现藏陕西省西安市碑林博物馆。

女皇武则天

　　在中国历史上,武则天是一位具有传奇色彩的人物。她本是一个木材商人的女儿,自幼聪颖美丽,性格刚强,14岁被选入宫做了唐太宗的妃妾,并赐号武媚。太宗死后,她与众多妃嫔一起被送入感业寺做了尼姑。但是,武则天并不甘心陪伴青灯古佛了却一生。在做太宗才人时,便与太子李治有了恋情。李治即位后,便将武则天从尼寺接入宫中,大加宠爱。数年之间,她依靠心机权术,在后宫连连击败了萧淑妃和王皇后,并最终排除朝廷内外重重阻力,于永徽六年(655)登上了皇后宝座。

　　随着后宫角逐的胜利,又兼高宗性情懦弱,武则天的权力欲望也逐渐膨胀起来。而唐高宗的患病更给了她驰骋政治舞台的机会。她明敏果断,先是受高宗委托批阅奏章,处理政事。后来便与高宗一起上朝,垂帘听政,政无大小,皆与闻之;最终天下大权悉归中宫,皇帝只落得拱手而已,当时朝野称为"二圣"。后来高宗病重,近乎失明,她便一人独揽大权,实际做了天下之主。高宗死后,她先后立了两个儿子为皇帝,即中宗李显与睿宗李旦,但不到一年便将他们废掉。公元690年,67岁的武则天正式登上皇位,建立大周,自称"神武皇帝",改元天授,并改名武曌。

　　十几年后,武则天病危时,被儿子和大臣挟制,还政于唐中宗,武周王朝结束。临终遗嘱去皇帝尊号,中宗皇帝追谥"则天大圣皇后",合葬乾陵。

乾陵无字碑

高630厘米　边宽186厘米　现藏陕西乾县乾陵

乾陵矗立着两座石碑，一座是"述圣纪碑"，记述唐高宗生平、业绩。另一座是一块完整的巨石，碑额有螭龙盘绕，碑侧各刻一条升龙，碑座刻有一匹骏马和一只雄狮。雕刻细腻、高大雄浑，却未刻一字，被称为"无字碑"。对于此碑的来源、无字的原因，至今众说纷纭，有人说是武则天将自己的功过留给后人评说，也有人说武则天功高德大，无法用文字表述。尽管有各种说法，这碑与武则天有关是多数人公认的。

唐明皇

唐玄宗李隆基是武则天的孙子、唐睿宗的第三子。他自幼勇敢强悍,甚得祖母的喜爱。武则天去世后,即位的中宗无能,皇后韦氏参与政事。韦氏有效法武则天当女皇之意,她的女儿安乐公主也想成为"皇太女"以继承皇位,在朝廷结党弄权,发展个人势力。李旦的儿子临淄王李隆基对此早有不满。景龙四年(710),韦后与女儿安乐公主密谋毒死中宗,立16岁的皇子李重茂为皇帝,韦后临朝摄政,总揽大权。李隆基发动羽林军趁夜晚攻入皇宫,一举诛杀了韦后、安乐公主及其党羽,随后奉其父相王李旦即皇帝位,即唐睿宗。不久,睿宗便传位给太子李隆基,开始了他长达半个世纪的统治。

在后人心目中,唐玄宗是一位风流皇帝,特别是他与杨贵妃的一段哀艳情史。其实他是一位文韬武略兼备、很有作为的君主。面对多年的动乱迭起,纷争不断,他勤勉奋发,励精图治,使得唐朝出现了近半个世纪的大治局面。经过数年的稳定发展和财富积累,唐朝进入了开元全盛时期,历史上号称"盛唐"。

归隐的吴越王

隋唐帝国经历了近三百年的辉煌后,终于暗淡下去,一个混乱动荡的年代出现了,这就是五代十国。所谓五代,是指先后占据中原地区的梁、唐、晋、汉、周五个朝代,因为五代的名称在历史上出现过,所以古书中将其名前均冠以"后"字,以示区分。五代的统治区域主要是在淮河以北的黄河流域一带。当时在淮水以南,还先后存在过九个小国,即吴、南唐、吴越、闽、楚、南平、前蜀、后蜀、南汉,加上割据山西的北汉,统称为十国。

吴越的创建者为钱镠,杭州临安人,年轻时曾贩盐为盗,后应募当兵,由偏将而主一州之兵。他先后剪除了其他割据势力,遂据有两浙之地。唐廷任命他为镇海、镇东节度使,公元902年,又封其为越王。公元907年,后梁建国,钱镠称臣,被封为吴越王。吴越是五代十国中最为安定的地区之一,统治者重用文士,兴修水利,劝农课桑，手工业和对外贸易也获得了较大发展。

北宋建立后，相继吞并江南诸国。南唐亡后，吴越王钱俶不敢独立，便于公元 978 年献纳国土于宋朝，并自请归于汴京，两浙未经兵戈而归于宋。

钱镠铁券
长 45 厘米　宽 29 厘米　厚 0.3 厘米

这具铁券，制作于唐昭宗乾宁四年（897）八月，是赐给五代十国中吴越国建立者钱镠的。此铁券形如覆瓦，上嵌金字诏书 333 字。诏书内容还包括钱镠的爵衔、官职、邑地和据以受封的功绩，还特别说明对钱镠本人可以免除九次死罪，其子孙后代可以免除三次死罪。若触犯国家其他法律，有关官员也不得过问。

典制篇

貞觀十七年四月三日趙懷瑾辯辭有
水張蘭富咸宜田壹畝買夏價小麥貳斗
銀高昌卌斗中取便于淨好若不如聽向鳳常東岸
仰耕田人了若風破

水旱隨大七斗麥到
壹月壹九上生壹馱者前卻不上聽牴家財
麥直若身東四元仰收後者上三之

严密的官制

唐朝统治集团以武力夺取天下,却懂得"马上得天下"不能"马上治之"的道理。唐高祖武德七年(624),正式颁布了各项制度、法令,首先颁行的就是官制。

隋朝虽然短暂,但确立了三省六部决策的行政体制,唐承隋制,仍然实行三省六部制,但对名称和职能都进行了改革。三省为中书省、门下省和尚书省。中书省是拟定政令的机构,负责起草皇帝诏制。门下省是审议机构,负责审核中书省起草的诏令旨意,驳正违失,并审批尚书省的奏书。尚书省是执行机构,下辖吏、户、礼、兵、刑、工六部,分别掌管各项行政事务,负责贯彻执行中央的旨意政令。吏部掌管官吏的选用、考绩;户部掌管户口、土地和赋税;礼部掌管礼仪、祭祀、科举等;兵部掌管军事;刑部掌管刑法;工部掌管土木建设等工程事务。三省六部制影响很大,尤其是六部建制,一直延续到清朝。

唐朝采用多宰相制和宰相兼职制度。唐初时,以三省最高长官为宰相,并在门下省设立政事堂,供三省宰相商议国家大事。后来其他职位的朝官也可受命参加政事堂会议,并在职位前加"参知政事"等各种名衔,到后期逐步确定为"同中书门下三品""同中书门下平章事"。凡是在官职前加有这种名衔的官员就是宰相,有参与朝政决策的权力。

此外,还设立监察机构——御史台,负责纠察中央、地方官员和府库出纳等,被称为"天子耳目"。大理寺是审判机构,与掌管其他事务的太常寺、光禄寺、卫尉寺、宗正寺、太仆寺、鸿胪寺、司农寺、太府寺合为"九寺"。另有国子监、少府监、将作监合为"三监",以及掌管文化典籍的秘书省等分工明细的各种事务机关。

彩绘武服陶俑

麟德元年（664）　高69厘米　加底座71.5厘米
1972年陕西礼泉郑仁泰墓出土

一俑头戴进德冠，上身穿红色阔袖短袍，下着白色裳，足蹬黑色如意云头履。文雅斯文，含蓄而不失威严。另一俑则头戴兜鍪，身着明光铠，绿地宝相花战裙垂至靴面，足蹬黑靴。右臂前屈，手中似握有武器，表情威严恭谨。墓主人郑仁泰初为李世民的亲兵，参与了唐武德九年（626）"玄武门之变"。以后随李世民多年征战，荣立战功，到贞观二十一年，已是十六卫大将军之一。他卒于龙朔三年（663），作为有"拥立之功"的"第一等功臣"，硕果仅存的开国元老，受到了极高的礼遇，得以陪葬昭陵。

科举之盛

唐太宗贞观二十二年（648），太子李治为追念长孙皇后的慈母之恩，在长安晋昌坊修建了大慈恩寺。玄奘取经回来后，太宗便让他在这里翻译佛经。后来，玄奘亲自参与设计，建造了慈恩寺塔，用来储藏取回的佛经，这就是著名的大雁塔。大雁塔的价值不仅在于它的高大雄伟，还因为它记载了唐朝新科进士放榜时的盛况，见证了唐朝科举制度的兴盛。

隋唐之前，中央选拔人才主要依靠的是"选举"，即通过地方、乡里推举选送后录用为官员。隋代开始设立科举考试制度，由中央设立科目考试，允许各地士人应考，以优劣定取舍，直接选拔人才。从此之后，科举代替选举成为中国古代主要的人才选拔制度，并延续了一千多年。

唐朝科举分为制举和常举。制举主要选拔"非常之才"，由皇帝特别下诏令举行，随时设科，名目繁多，常见的有贤良方正科、直言极谏科等。科举主要是常举，分为秀才、进士、明经、明法、明字、明算等科目，士人主要趋向是明经与进士两科。武则天时还增加了武举和殿试，殿试由皇帝在殿上亲自考选士人。

进士科重诗赋文采和对策，便于发挥聪明才智和志向识见，进士及第者往往得以平步青云，被称为"白衣公卿"，为时人所推崇。后来，进士一枝独秀，压倒其他科目，几乎成了"科举"的代名词。但进士极为难考，每年各地来长安参加考试者常有千人之多，中者不过二三十人。唐朝依靠科举制度搜罗无数英才，所以唐太宗曾叹道："天下英雄，入吾彀中矣！"

每年新科进士放榜是轰动一时的大事，新科进士有一大套庆贺仪式，互相拜谒、宴请、观看佛牙等等，其中最隆重的活动要数皇帝亲自在长安东南的曲江池赐宴和新科进士到慈恩寺塔题名留念，当时称为"曲江大会""雁塔留名"。宴会后，全体进士到慈恩寺塔下，由其中擅长书法者将全体新科进士姓名题写在塔壁上留作纪念。直至今日，人们仍能在大雁塔看到一千多年前那些天之骄子题名的墨迹。

大雁塔

大雁塔又名大慈恩寺塔,位于西安大慈恩寺内。塔身为七层,通高 64.5 米,由仿木结构形成开间,由下而上按比例递减。塔内有木梯可盘登而上。每层的四面各有一个拱券门洞,可以凭栏远眺。整个建筑气魄宏大,造型简洁稳重,格调庄严古朴,是保存比较完好的楼阁式塔。

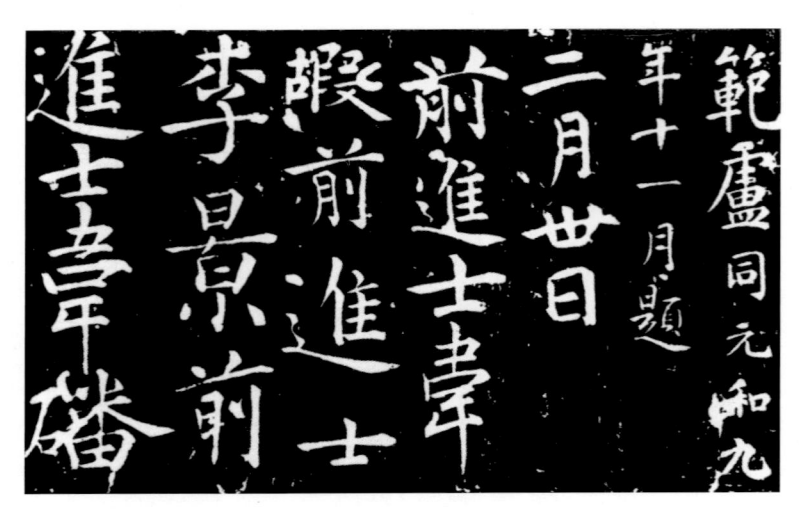

雁塔进士题名墨迹

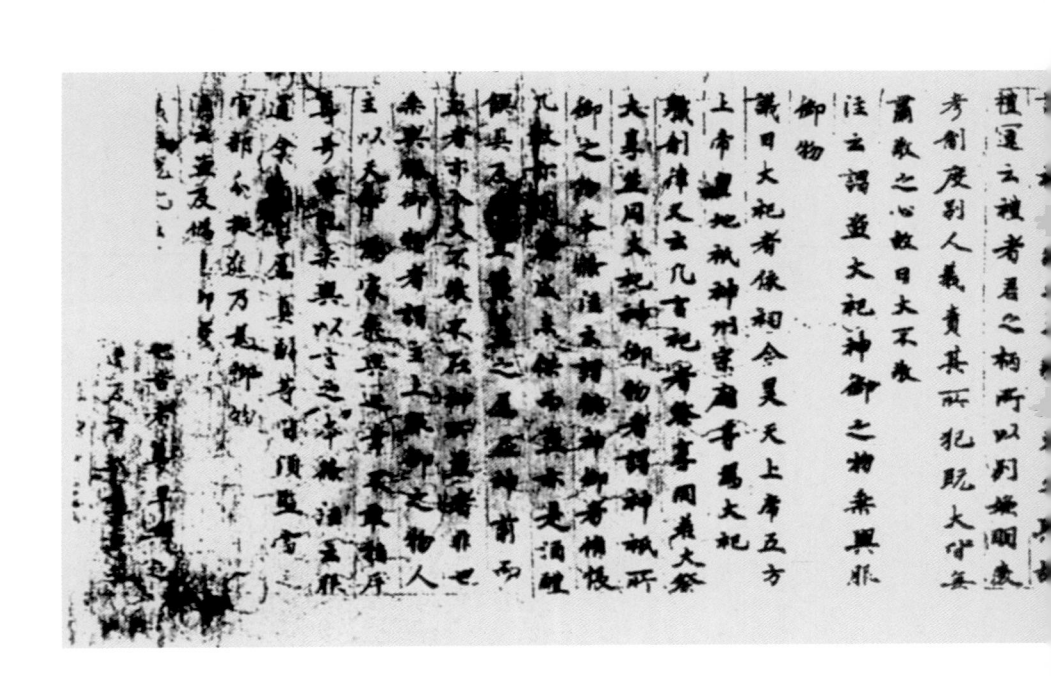

完备的唐律

唐代以前的各代法典多已失传，难窥其全貌。而唐律完整保存至今，成为传世最早、最完整的古代法典。唐朝制定的国家各项法规、制度，分为律、令、格、式四部分。律，是正刑定罪的刑律；令，是关于各种典章制度的规定，如《田令》《赋役令》等；格，是以皇帝诏敕形式颁布的各种禁令，如《贞观格》《开元格》等；式，是官府办事的具体章程。唐朝的令、格、式都没有完整地保存下来，只有唐律保存完整。

唐朝初建，唐高祖便组织人员参照隋律制定新法律。唐太宗又命大臣对其进行增删修改，最后定律五百条，分为十二卷。唐高宗时再次修订，并命长孙无忌等人撰写了《律疏》三十卷，逐条解释律文。律文和释文就是我们今天看到的《唐律疏议》。

敦煌《唐律疏议》残卷

此卷20世纪初出于敦煌，被伯希和掠走，现藏法国巴黎国立图书馆。卷子首尾皆缺，共存5纸104行。卷背所抄为《佛说相好经》。

唐律十二篇包括名例律、卫禁律、职制律、户婚律、厩库律、擅兴律、贼盗律、斗讼律、诈伪律、杂律、捕亡律、断狱律。每篇具体规定了各种违法犯罪行为的罪名和处罚方式，疏议又逐字逐句进行了详细诠释。

这部法典总结发展了唐以前从战国、秦汉、魏晋南北朝到隋代的各朝法制成果，使得古代法制臻于成熟完备。不仅对后世影响深远，还对亚洲很多国家如日本、朝鲜、越南等产生了深刻影响。日本的《大宝律令》、朝鲜的《高丽律》、越南的《国朝刑律》等法典均对唐律多有借鉴。

均田制与租庸调制

唐朝初年，经过隋末以来一二十年的战乱，人民流亡，土地荒废，"灌莽巨泽，苍茫千里，人烟断绝，鸡犬不闻"。唐朝统治者吸取隋朝由于赋役繁重、民不聊生而导致王朝覆灭的历史教训，颁布了均田制和租庸调制。均田制和租庸调制始于北朝，在唐朝得到了极大的发展。

"浛安"庸调银饼
直径9.6厘米
1970年陕西省西安市何家村窖藏出土
现藏陕西历史博物馆

唐初，租庸调都是用稻粟、绢布、棉麻等实物缴纳。随着土地兼并的日益激烈，均田制遭到破坏，以均田制为基础的租庸调制也逐渐废弛。开元、天宝年间，唐朝政府规定"凡金银宝货绫罗之属皆折庸调以造焉"，以增加财政收入。这种把庸调应收的布帛折变为轻货，运到京师国库的制度，叫作"变造"。"浛安"县故址在今广东怀集县西，唐时属岭南道广州。这块银饼就是浛安县庸调布帛折变为银，冶铸成饼，送交国库的赋银。

庸调麻布

幅宽58.9厘米　1967年新疆维吾尔自治区吐鲁番市出土

此麻布为平纹织物，较细密。吐鲁番出土的麻布中除一般用于衣料外，也作为交纳庸、调之用的庸、调布等。

　　唐朝均田制按人丁授田，规定按照户籍授田，十八岁以上至六十岁以下丁男，每人授田一顷。老男和残疾人授田四十亩，寡妻妾授田三十亩。这些人如果是户主，加授二十亩。所授田地，二成是永业田，可以传给后代；八成是口分田，人死之后归还。工商业者授田为农户丁男的一半。贵族与官吏依照官品与爵位，另有优厚的授田制度。

　　在均田制即按丁授田的基础上，实行租庸调制。如史书所说："有田则有租，有家则有调，有身则有庸。"租庸调制度将百姓的赋役分为三部分：租，受田户每丁每年交纳黍二石；庸，每丁每年服役二十天，不服役者每日可以折合成绢三尺，或麻布三尺七寸五分，称作"以庸代役"；调，每丁每年交纳绢二丈、绵三两，或麻布二丈五尺、麻三斤。

　　除以上赋役以外，还有户税制度。唐朝按照财产和丁口即劳动力多少，把民户划为上上至下下九等，根据户等征收税钱，每户大约数百文，以供国家军事传驿、官员俸禄以及其他官府支出等用。

两税法的实施

唐朝的均田制以及租庸调制从唐初武德七年（624）开始实行，至中期唐代宗大历年间废弛，共推行了一百五十多年。

改革源于安史之乱后唐朝社会的剧烈变化。唐朝田制号称"均田"，但是其实从一开始就没有真正地实现"均"，而对于土地的掠夺，政府也日渐失去控制。租庸调却是按照人丁照样征收。农民本来受田不足或者完全丧失土地，却仍要承担按照人丁征收的租庸调与其他徭役；而豪族富户无论怎样广占田地，也只承担微不足道的赋役负担。

失去了田地的破产农民无力承担赋役，于是脱离原地户籍，远走他乡或者做富户的佃客以逃避赋役，成为逃户和浮客，以至于"王赋所入无几"。而中唐以后，战争支出浩大，控制的地盘和户口又大大缩减，按照原来的制度无法征收到更多的赋税，造成朝廷财政枯竭，入不敷出。

在这种情况下，为了改善财政，增加赋税收入，唐代宗时期开始进行改革，办法是增加原来的按户等收取的户税和地税。唐德宗时期，采纳宰相杨炎的建议，决定彻底改革税制，于建中元年（780）正式宣布实行两税法。

新税制规定：废除以前的租庸调制和一切杂项赋税，全部并入两税。不论原来的土户还是外来的客户，包括没有固定居住地的行商，一律在现住地入户籍，按照财产多少缴纳两税。两税包括户税和地税两项：户税是官府按照贫富将居民分为上上至下下九等，根据户等高低规定具体税额，收缴税钱，可以折收绫、绢、布；地税是按照田亩征收粮食即米、麦，开始时大约为每亩纳米或麦五升至九升五合。由于是每年分夏、秋两次征收，因此称作两税法。

两税法的立法原则明显不同于原先的租庸调制，它不是以男丁多少为样本，而是以资产即土地多少为纳税标准，资产多则纳税多，资产少则纳税少。它是中国古代税制的重要变革。它的出现，基本结束了中唐以前以人丁为本收取赋税的历史，开辟了以财产为本收取赋税的新阶段。此后，在各朝制定的税制中都不难看到两税法的影子。

赵怀满租田契

宽21.7厘米 高27.2厘米 1959年新疆维吾尔自治区吐鲁番市出土

此租田契被剪成鞋帮、鞋底状，文字不完整，其大意为赵怀满从张欢仁、张菌富处租田耕种，每年向田主交纳一定数额的田租（小麦），并限定六个月交齐。从吐鲁番出土的一些租田契约中可以看出，出租的田地有官田、寺观田、百姓田。佃人交租一般是粮食，即实物地租，租额有"对分制"和"定额租制"。可见唐初虽实行均田制，但官僚、地主仍占有大量田地，租给无地或少地的农民耕种。

府兵制的兴衰

开皇十年（590），隋文帝对原西魏、北周的兵制——府兵制做了重大改革。府兵是当时的职业军人，兵士都由军府统领，并不列入各州县户籍，其家属也随营居住，居不定所。改革后，军人除仍保留原有军籍、隶属军府外，同时与其家属一起编入各州民户，可以按均田令分得土地，平时从事生产；并按规定轮番到京城宿卫，或执行其他任务。

唐朝在中央设立十二卫，各设大将军、将军二人。大将军是府兵最高长官，直接归皇帝节制。全国各地设置军府，称为"折冲府"，作为府兵的基本单位。所有军府分别划归十二卫统率。折冲府最多时有634个，其中首都所在的关内道最多，用以保证中央政权有足够的兵力统驭四方。各军府的府兵由均田农民轮流充当，所有二十岁到六十岁的授田农民都有服兵役的义务。征兵原则是根据财产先取富后取贫，财产相当，先取强后取弱，财产和身体相当的，先取

西州营牒

长115厘米 宽29厘米 1968年新疆维吾尔自治区吐鲁番市出土

这是唐开元三年（715）西州府兵的一支临时部队的营牒，记录有西州营的编制、配给等。

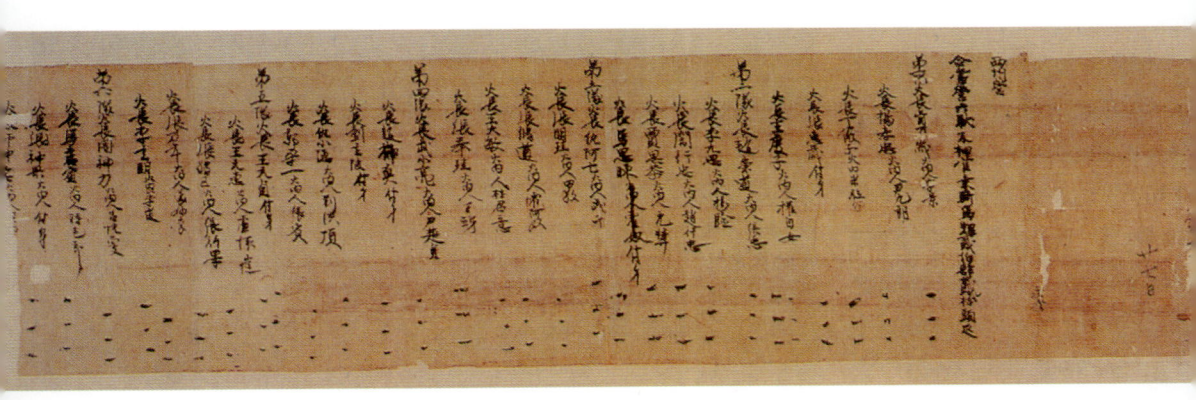

青瓷武士俑

隋　分别高 59 厘米、63 厘米　1953 年湖北省武汉市出土

俑身挺胸直立，双手按盾牌，怒目隆鼻，威武庄严，正是当时兵士的形象。俑所穿铠甲为明光铠，始创于三国，当时非常名贵，只有将领才能穿着。其特点是铠甲的胸前、背后都有左、右两片椭圆形的金属圆护，因打磨的极光，颇似镜子。在战场上穿明光铠，由于太阳的照射，将会发出耀眼的"明光"，故名"明光铠"。这两件铠的形制基本上与南北朝时期相同，唯腿裙变得更长。穿有这种腿裙的铠甲当不便乘骑而只能步战。

家中多丁的后取少丁的。服役期为三年，府兵自身免除赋役，但军资、衣装、轻武器和去服役途中的粮食都要自备。府兵一般春夏秋三季从事生产，冬季训练。平时宿卫京师，战时由朝廷派将领统兵出征。战争结束后，兵归军府，将归于朝，使将帅不能专掌兵权。

府兵制度是建立在均田制的基础上的，农民有田才能自备资粮。唐朝前期，由于均田制的实施，府兵制也能有效的实行。而均田制的逐渐废弛也导致了府兵制的崩溃。为了解决兵源的匮乏，唐玄宗开元十一年（732）开始实施募兵制，即招职业兵从事宿卫，称"长从宿卫"，后改称"旷（guō）骑"。这种雇佣兵由官府供给武器、资粮，并且免除赋役。开元二十五年，又改革边境征防军，招募自愿长住边镇当兵者，家口可以随军，官府提供田地、住房，称作"长征健儿"。天宝八年（749），鉴于各府已无兵可调，府兵制名存实亡，朝廷正式废止了府兵制。

兵制的变化对唐朝后期的战争与政治形态产生了很大影响，唐朝后期对藩镇的战争就是由这种招募的士兵进行的。

经济篇

开元通宝的流通

开元通宝铜钱是在唐朝开国皇帝高祖李渊建立唐朝的第四年,即公元 621 年开始铸造使用的。从此,中国的钱币不再像以往的历朝历代那样以重量命名,如"半两""五铢"等,而是改称通宝、元宝或重宝。唐朝此后还有其他铸钱,如高宗时的"乾封泉宝",肃宗时的"乾元重宝"等,但开元通宝是唐代流通时间最长、最重要的货币。

"开元通宝"四字钱文是欧阳询命名并书写的。欧阳询和虞世南、褚遂良、薛稷被誉为唐初四大书法家。他独创的笔力险劲的"欧体",在当时就受到人们的喜爱,成为学书的楷模。高丽国甚至曾几次派遣使臣到唐朝求取欧阳询的书法,令高祖皇帝也感慨不已。原来,欧阳询虽聪悟过人,却其貌不扬,以至高祖说,没想到欧阳询的书名远播海外,从墨迹看,他们一定以为书者相貌堂堂呢。所以,由欧阳询来书写大唐开国钱文在当时也是众望所归。欧阳询所写钱文含八分和隶书两种书体,方圆兼备,端庄浑厚,很能显示唐文化兼容并包的博大胸襟。八十余年后,日本仿效开元通宝铸造了自己的"和同开珎"铜钱,其中的"开"字就与唐钱上的非常相似。

"开元通宝"寓意为开创新纪元的通行宝货,读取顺序是先上后下,次左再右。不过,唐人的所谓左右,是以钱范为标准的,所以实际是先右后左。有趣的是,唐人还有旋读钱文为"开通元宝"的,意思是开始通行的主要货币。《旧唐书·食货志》承认这种读法"其义亦通",但却称之为"流俗",说明该钱文在唐朝确实存在着两种读法,只是"开元通宝"更为流行。现在规范的读法当然是"开元通宝",这一语义让人更能感受大唐王朝开拓进取、蓬勃向上的时代精神风貌。

开元通宝
直径 2.4 厘米 重 4 克

和同开珎

锦上胡风

　　锦是用彩色丝线织成的有花纹的织品。它既有平纹也有斜纹，或以经线显现花纹，或以纬线显现花纹，在丝织品中工艺最为复杂，色彩和花纹也最绚丽多彩，所以自古以来人们就以它形容美好的事物，如"锦绣河山""繁花似锦""锦衣玉食"等。有趣的是，在出土的唐锦中，有很多大联珠圈构成的花纹，圈内往往装饰一个鸾鸟、鹿或猪头等。也有一种小联珠圈图案，内面装饰一般是一对动物。联珠圈是波斯萨珊朝的一种装饰图案，经丝绸之路传到中国后受到人们的喜爱。不过，经研究，吐鲁番的这种丝绸都是中国内地制造的，而且主要来自四川的蜀锦。生产这种产品既用来满足国内市场对域外风情的喜好，同时也是外销的需要。

　　植物花卉历来是图案纹样的主题，但唐代花样之多、翻新之快令人目不暇接。白居易曾赞叹当时的丝绸是"天上取样人间织"。美丽的花纹也需要染色技术来表现，吐鲁番出土的唐代丝织物经过色谱分析达二十多种颜色，仅红色就分成银红、水红、猩红、绛红等色。唐代在织物上印花染色的办法主要有绞缬、蜡缬和夹缬。绞缬是先将待染的织物按照需要的花纹，纵横有序地撮缬起来，用线缚紧，浸染后拆去线，缚结之处就呈现出着色不充分的花纹。不过，这种方法最适于染制简单的点花或条纹。蜡缬就是蜡染，今天仍在使用，就是先将熔化的蜡画在或透过镂花版印在织物上，浸染后，将蜡煮洗掉，就显出花纹。夹缬则是采用直接印花的方法，用两枚同样花纹的镂花版模将待染的素帛夹紧再染色。

墨绿地狩猎纹印花纱

长 35 厘米 宽 18 厘米 1968 年新疆维吾尔自治区吐鲁番市出土

狮子鎏金银盘
高 6.7 厘米 口径 40 厘米
1956 年陕西省西安市八府庄
东北出土

流光溢彩金银器

　　唐代金银器主要发现在两处：一处是西安南郊何家村窖藏，出土 270 件唐代金银器。另一处便是著名的陕西扶风法门寺，地宫中共出土 121 件金银器。由于受到中亚、西亚金银器的影响，在公元 7 世纪后期至 8 世纪中叶的盛唐时期，金银器已十分流行，当时上层社会竞相奢华，皇室贵族日常生活中大量使用金银器，皇帝赏赐大臣、外国使节，以及地方官吏向皇帝供奉，金银器也是重要的物品。

　　唐代金银器的制作有官营，也有私营。官营有政府机构少府监所辖金银作坊院，专门制作皇室贵族生活以及赏赐之物。各地官府也有金银器作坊，产品主要用于进贡朝廷。民间也有作坊制作金银器贩卖，当时长安市场上有不少制造和出售金银器的店铺。

鎏金银香薰

直径 4.8 厘米　高 5 厘米　1963 年陕西省西安市沙坡村出土

  唐代金银器的加工已普遍使用切削、抛光、焊接、铆、镀、刻凿等工艺，还使用了手摇脚踩的简单车床，可见当时金银器制作工艺技术相当精湛。由于"丝绸之路"的畅通，东西文化交往加强，西方金银工业的制造技术及器物形制、纹样风格对唐代金银器制造产生了重要影响。初唐时一些金银器的制作就有西方的造型和纹样特征，也有些器物为舶来品。如西安何家村窖藏中一些银盘，仅在盘心饰动物纹样，带有萨珊器物"徽章式纹样"的装饰风格。纹样及装饰手法在国内都极为少见，应该是受到西方金银器的影响。唐代经济繁荣，对外交往频繁，工匠们融会贯通，汲取外来文化的长处，将外来纹样与传统纹样融为一体，纹饰逐渐丰富，并创造了具有本民族特色的器物，使得金银器装饰纹样、器型及制作工艺在唐代达到了前所未有的高度。

铜镜的使用

在清朝中叶出现玻璃镜之前,中国有着四千年使用铜镜的历史。铜镜的背面花纹丰富多彩,但形状多是圆板形,镜背中央有钮,钮孔用来系带,这样,使用者或手持或将铜镜悬挂在镜台上都很方便。下图镜铭中提到的"玉台"就是指镜台。镜台未必玉质,但唐以前因为没有现代意义的桌子,坐具低矮,所以镜台很小巧,可用贵重的材料制作,有的还内含机巧。《太平广记》记载了唐玄宗皇后的一个镜台,据说它不仅金银彩画,而且分上下两层,每层都有门户。当皇后梳妆时,镜台的门会自动打开,里面的木头侍女依次递出梳篦、粉黛、簪花等等,妆毕,门会自动关合,毫不逊色于现代的机器人。为了不使镜面沾染灰尘,古人用完后还会把铜镜精心放在镜匣中,甚至给穿上镜衣,所以有些镜铭上还有"藏宝匣而光掩,挂玉台而影见""玉匣盼开盖,轻灰拭夜尘"的字样。五代、宋以后,家具发生了很大变化,坐具增高,一桌二椅的陈设逐渐定型,类似今天梳妆台的高镜台也出现了。这时的镜子因为一般就固定悬挂在台上,镜背不再经常看到,所以以往精美的花纹渐被忽略,素背镜多起来,但外形轮廓花样翻新,有圆、方、菱花、海棠形等。

"灵山孕宝"瑞兽铜镜
直径 18.4 厘米

这面隋代铜镜背面的花纹主要是四只瑞兽,这种图案在隋唐时期十分流行,寓意吉祥。环绕着瑞兽有一圈铭文:"灵山孕宝,神使观炉,形圆晓月,光清夜珠,玉台希世,红妆应图,千娇集影,百福来扶。"大意是对这面镜子的赞美和对使用者的祝福。

外交篇

丝路迢迢

"丝绸之路"简称丝路,最早由德国地理学家李希霍芬(F. Richthofen)于1877年提出,后被广泛使用至今,不过其含义已包括了更广泛的内容和地区。这条中国古代以丝和丝织品为主要商品的陆上贸易通道秦汉以前就已建立,后经几代王朝的不断开拓,成为经中亚通往西亚、南亚以及欧洲、北非的漫长交通线。丝路虽然主要是商路,但同时也是中国和亚欧各国政治、文化交流的通道。通过它,中亚和南亚的音乐、舞蹈、绘画等艺术,天文、历算、医药等科技知识,佛教等宗教先后传来中国,并在中国产

生了很大影响。中国的纺织、造纸等工艺技术也传到西方。隋唐时期更以强盛的国力，为丝路畅通提供了可靠保证，使这条通道空前繁荣兴旺。

一般认为，丝路东起中国长安，西至地中海以达欧洲，全长7000多公里。在各个不同的历史时期，由于地缘政治形势等变化，其走向、路线多有变动，但大致由东向西可分为三段：东段是中国内地道，自长安出发，经陇西高原、河西走廊至玉门或阳关；中段从玉门或阳关以西到达古称葱岭的帕米尔，又称中国西域道；西段指帕米尔以西，通常称为中国境外道。

西段大体分为三条主要通路：一条从帕米尔经瓦罕山谷进入今阿富汗境，向南越过兴都库什山，往东南到达巴基斯坦和印度；一条翻越帕米尔，经过塔什干附近的费尔干纳盆地，西行至阿姆河和锡尔河之间的河中地区，转入伊朗、伊拉克、叙利亚至地中海沿岸，进入欧洲或北非；还有一条由中亚西北行，经咸海、里海、黑海以北大草原，进入中北欧地区。

中段主要部分在今新疆地区，由于有广阔的沙碛和高寒的雪山阻隔，是丝路的咽喉地段。唐代有南、北、中三条道路：南道，指昆仑山北麓与塔克拉玛干大沙漠南沿之间的东西通道，其主要的交通点有今天的若羌、且末、和阗和莎车，继之从塔什库尔干越过帕米尔，可南下到印度或西行到西亚诸国。中道指从高昌（今吐鲁番）沿天山南麓与塔克拉玛干大沙漠北沿之间的通道，经过的主要交通点有古楼兰和今天的焉耆、库车、阿克苏；由此或经喀什向西越过阿赖山脉进入中亚，亦可翻越天山进入中亚。这两条路线早在汉代

《客使图》壁画

这幅壁画绘于陕西省乾县唐章怀太子墓的墓道东壁，长242厘米，高185厘米，现藏陕西历史博物馆。图中有六个人物，左边三人应该是负责接待吊祭使节的鸿胪寺官员，右边三人是前来吊唁的外国和周边民族使者。对这几位使节的族属和国别，学术界说法不一，一般认为秃头、穿翻领衣的来自东罗马帝国；其身边戴鸟羽冠的是来自朝鲜半岛的新罗使者；最后一位是东北少数民族地区的靺鞨或室韦族使者。

彩绘陶胡人俑

调露元年（679） 高 89.7 厘米 长 26.5 厘米 1954 年山西长治王琛墓出土
现藏中国国家博物馆

深目高鼻的胡人俑在唐墓出土很多，身份多是驼夫、马夫。唐朝是当时世界范围内最富庶、最先进的国家，因此吸引了大量外国人沿着丝路或海道来华。在有百万居民的都城长安，各国使臣、留学生、僧侣和商人就达数万人。

孔雀蓝釉陶三系瓶
后唐 高 75 厘米 口径 17 厘米
底径 16 厘米
1965 年福建省福州市郊刘华墓出土

这是五代十国时期闽王妻的随葬品。这件陶瓶的造型、釉色和腹部贴饰的纹饰都与在今伊朗发现的 9—10 世纪的伊斯兰式样的釉陶瓶相同，应该是通过海运而来的波斯制品。

就基本开通。北道是隋唐时期在天山北麓开辟的，即从玉门关经古伊州、北庭、轮台，进至今乌鲁木齐北，然后过伊犁河及楚河上的碎叶（唐朝诗人李白的出生地，在今哈萨克斯坦境内），进入咸海以西的中亚。西域道也是中西文化的荟萃之地，季羡林先生说过：世界上历史悠久、地域广阔、自成体系、影响深远的文化体系只有四个，即中国、印度、希腊、伊斯兰。而这四个文化体系汇流的地方只有一个，这就是中国甘肃的敦煌和新疆地区。

　　唐中期以后，随着造船和航海技术的进步，海运逐渐发达，这条陆上通道渐趋衰落。有学者将从中国南方海上西行的道路称为"海上丝绸之路"。不过，这种提法已非一般意义的"丝路"，贸易的大宗亦为瓷器所替代。

联珠鹿纹锦

长 19 厘米　宽 14 厘米　新疆维吾尔自治区吐鲁番市出土　现藏中国国家博物馆

联珠纹是流行于波斯萨珊朝的一种装饰图案，经丝绸之路传到中国。中国内地生产这类产品，既用来满足国内市场对域外风情的喜好，同时也是外销的需要。唐代不仅输出丝绸，丝织技术也广泛西传。中亚、西亚经过学习、改进中国的技术，生产的丝织品又反过来东传，在新疆还发现有粟特锦和波斯锦。

拜占庭金币

直径 2.1 厘米　重 4.4 克

这枚金币出土于陕西省咸阳市隋墓，查斯丁二世时期（565—578）铸造。金币正面是国王半身像，铭文为"我们的主上查斯丁二世，祖国的父亲"。背面为戴胄女神像，座下铭文是印铸于君士坦丁堡的意思。由女神像右侧下方开始，也有铭文自下而上排列，几乎环绕一周，其意为"至尊们的胜利"。末尾"E"字为铸币厂局记号。

无畏的中国使者

玄奘取经声名远播，名垂青史。继他之后，义净沿海路到印度和东南亚地区求法游历，在所著《大唐西域求法高僧传》中，他记载了初唐60位中国僧人去印度取经的事迹，以及当时印度与中国往来的主要通道情况。西行路上不只有僧侣，还有一位鲜为人知，却四次奉旨前往印度的使臣王玄策。

王玄策只是唐朝一位名不见经传的中下级官吏，所著《中天竺国行记》如今也仅存片段文字，对其事迹钩沉只能凭散落史籍的零星记载和"大唐天竺使出铭"。王玄策四次往返印度的时间大约在公元643年（太宗贞观十七年）至公元665年（高宗麟德二年）的二十二年间，在当时的交通条件下，我们不能不为他的勇气和毅力所折服。他的使命有送印度使节回国，取印度制糖之法，以及为大唐培养梵语翻译人员、往佛祖涅槃处送袈裟等等。中国制糖的历史很久，但主要是麦芽糖。唐太宗时中国已用甘蔗制糖，但水平尚不济，所以《新唐书》记载太宗曾派人去印度学习，这位使者就是王玄策。王玄策不畏艰险、不辱使命，在短短的一年内取得制糖之法，而且从印度请来了制糖的匠师和僧侣。中国通过这次技术引入并加以改进，很快制出的白糖色味都超过印度。以至后来印度向中国学习白糖的制作技术，并称白糖作Cini，即"中国的"意思。

《高僧像》
高46厘米 宽30厘米
现藏大英博物馆

该像为敦煌莫高窟藏经洞唐—五代时期的墨描纸画。画中高僧身穿袈裟，盘坐在枯树前的方形毯上，双手作禅定印，目光直视而精神内守。在他面前放一双云头履，身边有一水瓶，枯树枝上挂一串念珠和一只行囊。这或许是表现西行路上的小憩图。

《携虎行脚僧图》
敦煌莫高窟藏经洞唐代绢画 高79.5厘米 宽53厘米 现藏法国卢浮宫

画面描绘的是一位僧人脚穿草履,背负满载经卷的书笈,与虎相伴而行的情景。

干漆夹纻鉴真像

鉴真以66岁高龄到达日本,在首都奈良受到隆重盛大的欢迎。同年,他在奈良东大寺设立戒坛,为十位和尚受戒,是为日本僧人正规受戒之始。公元763年,鉴真在日本去世。弟子用干漆夹纻法制成鉴真像,安放在唐招提寺金堂中以资纪念。1980年,时隔一千二百二十六年,日本敬送这座鉴真像短期回国省亲,受到了中国人民的热烈欢迎。

  王玄策每次赴印度的使命不同,经由的路线也不尽相同。他既走过当时中西交通的干道丝绸之路,也曾取道从古河州入吐谷浑到达吐蕃首府逻些城(拉萨)的唐蕃古道,然后从西藏西南部的吉隆山口穿越喜马拉雅山进入加德满都谷地,由泥婆罗国(今尼泊尔)进入印度,即所谓吐蕃—泥婆罗道。由于王玄策在唐朝初年选取了这条路线,他成为开创这条古代国际通道的先驱。

  鉴真是东渡日本传法的名僧。他原是扬州大明寺僧,律宗大师。日本佛教由于当时戒律不完备,僧人无法按照律仪受戒。日僧荣睿、普照来到唐朝,经十年寻访,终于发现佛法精湛的鉴真和尚,遂邀请他到日本传授戒律。鉴真欣然接受,并自公元742年东渡弘法。前四次因地方官阻扰和风涛险恶,都未能成行。第五次遭遇飓风漂流至海南岛,并双目失明。但鉴真百折不挠,公元753年冬再次东渡,终于在次年三月抵达日本首都奈良。鉴真带去了许多佛教典籍和工匠,成为日本律宗始祖,在奈良建律宗的总本寺唐招提寺,并在医药、书画、雕塑和建筑等方面传播唐代文化。

  鲁迅先生曾写道:"我们从古以来,就有埋头苦干的人,有拼命硬干的人,有为民请命的人,有舍身求法的人……虽是等于为帝王将相作家谱的所谓'正史',也往往掩不住他们的光辉,这就是中国的脊梁。"

《大唐天竺使出铭》

1990年在西藏自治区吉隆县的崖壁上发现。崖壁面阔约1.5米，其上有崖棚遮盖，崖脚有水渠环绕而过，崖面距地表约5米。题铭系阴刻，字面宽81.5厘米，残高53厘米，下部已破坏。铭为唐高宗显庆三年（658）王玄策一行再次出使天竺时勒刻，现存24列，约311字，许多已漫漶不清，但碑文中有"……左骁卫长史王玄策宣（下残）"字样，碑铭正中额题"大唐天竺使出铭"。此发现首次从可靠的实物证据上证实了吐蕃—泥婆罗道南段出山口位置。这一珍贵题铭对进一步研究古代唐蕃、中外关系等问题，具有极为重要的意义和价值。

那烂陀遗址

那烂陀是梵文音译，意译为"施无厌"，曾是古代印度摩揭陀国王舍城的著名寺院，在今印度比哈尔邦首府巴特那东南九十公里处。有八大院，僧徒主客常至万人，为古印度佛教的最高学府。玄奘、义净等都曾在此留学多年。

三夷教

　　三夷教是指自西方传入的祆教、景教和摩尼教。

　　祆教是中国对琐罗亚斯德教的称呼。该教大约在公元前 6 世纪由波斯人琐罗亚斯德创立,公元 3 世纪被波斯萨珊朝定为国教,遂在中亚盛行。因祆教认定世界上的光明和黑暗是善与恶之源,人应该弃恶从善,所以敬拜火光和日月星辰。中国又称之为火祆教或拜火教。祆教首先传入中国新疆,北朝时内地有了奉祀祆教、崇拜天神胡天的记载。唐朝来华经商的胡人很多,其中不少是祆教徒。唐朝采取宽容的宗教政策,在都城建祠供他们每岁祈福,还设立了专门的机构和人员进行管理。除都城以外,河西走廊诸州也建有祆祠。

苏谅妻马氏墓志拓片

长 39.5 厘米　宽 35.5 厘米　陕西省西安市出土

　　这方墓志形制和一般唐人的一样,大致方形,但志文是用汉文和中古波斯的婆罗钵文对照书写而成的。通过志文得知,该墓墓主是苏谅妻马氏。苏谅及妻都是波斯萨珊朝(226—651)王室贵族的后裔,祆教徒,萨珊朝灭亡后流寓中国。他们在中国不仅可以使用自己的文字,而且信奉自己国家的国教祆教。

景教是唐代对基督教聂斯脱利派的称谓。公元428年,聂斯脱利派与当时作为东罗马帝国国教的基督教正统派分裂后,开始逐渐向东传播,流行于西亚、中亚地区。公元635年,景教僧阿罗本来到长安,受到唐太宗礼遇,被请到皇帝的藏书楼翻译《圣经》。公元638年,太宗准其传教,并由朝廷资助在长安建造了景教寺。高宗在各州置景教寺,使景教得到很大的发展。玄宗下令改称其寺为大秦寺。大秦是中国古代对罗马帝国的称呼。此后,肃宗、代宗、德宗都支持和保护景教,使景教进一步发展,信奉者不仅有来华的西域人,也有中国人。

大秦景教流行中国碑
高2.80米 宽约0.85米 厚约0.16米
现藏陕西省西安市碑林博物馆

这件著名的唐代碑石公元781年被立于都城长安的大秦寺内,后寺毁长埋地下,明代出土。碑文由景教僧景净撰写,叙述了基督教的基本教义、教规,而且记述了景教在太宗至德宗一百四十余年间的传播交流情况,是研究景教的最重要文献,同时也是研究唐王朝与东罗马帝国宗教文化交流、中西交通史的重要资料。碑背无字,正面下部及左、右两侧用叙利亚文和汉文合刻了70名景教僧的名字和职衔。

摩尼教是公元 3 世纪中叶波斯人摩尼创立的宗教。其教义是将原有的琐罗亚斯德教和印度传入的佛教以及由东罗马传入的基督教糅合而成，宣传善恶二元论，核心是"二宗三际"。"二宗"是说世界有光明和黑暗即善与恶两个本源；"三际"指初际、中际和后际，即过去、现在和未来。摩尼教曾不容于波斯，遭受迫害的教徒逃离出境，却使摩尼教得以迅速向东西方传布，公元 3—6 世纪，已遍及中亚和地中海沿岸各国。摩尼教传入中国的时间是公元 694 年，但早在此前应已在民间流传。当时，武则天奉行唐太宗的开放政策，对摩尼教给予了较高地位。玄宗虽下令禁止摩尼教，但仅限内地信教的汉人，胡人仍准许信奉。安史之乱后，摩尼教受到助平叛乱入居中原的回鹘欢迎，并被尊崇为回鹘国教。

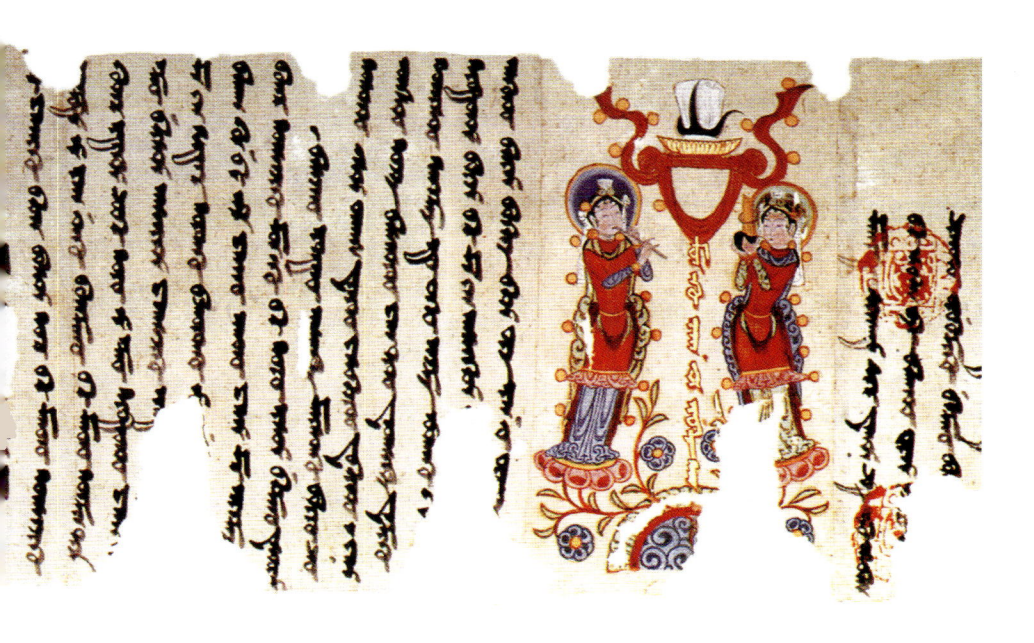

粟特文摩尼教徒书信
高 26 厘米　长 268 厘米　现藏吐鲁番博物馆

这封书信发现于新疆吐鲁番柏孜克里克千佛洞 65 号窟，由 9 张纸粘连而成，上存墨书粟特文 135 行。在长卷的接缝处和低行书写的地方还钤有朱色印鉴。文书的中间是一幅工笔重彩的插图，并有一行金字标题。书信内容是东方教区一位信众写给本教区上级的问候、致敬信。这一发现对研究摩尼教团的组织以及在中国的传播情况，提供了十分珍贵的资料。

7世纪初，阿拉伯半岛的麦加人穆罕默德创立伊斯兰教。虽然唐代典籍中并没有发现伊斯兰教传入的直接史料，但其至迟在8世纪中叶也传入中国。唐代称阿拉伯帝国为大食，自公元651年（高宗永徽二年）双方开始了正式的官方往来。民间的贸易交往会更早。伊斯兰教应当是随那些信教的来华商人传入中国的。

彩绘大食人陶俑
高27厘米 传陕西省西安市出土

伊斯兰教在唐朝的影响远不及佛教，也不能和景教、祆教及摩尼教相比。早期来中国的伊斯兰教徒不是传教，而主要是经商。大食商人陆道来华是从阿拉伯半岛经波斯及阿富汗到达新疆的天山南北，再经青海、甘肃直至长安一带。唐代后期，因吐蕃阻隔道路，多改循海道，由波斯湾和阿拉伯海出发，经孟加拉湾、马六甲海峡分别到达广州、泉州、扬州、福州、杭州等口岸。这两件国家博物馆收藏的大食人俑，传为西安唐墓出土。它们弓背，背着行囊，手握水壶，再现了不远万里来华的艰辛旅程。

来自西方的奢华

美国汉学家谢弗上世纪 60 年代写过一本学术名著《撒马尔罕的金桃——唐代的舶来品研究》。撒马尔罕现今是乌兹别克斯坦的第二大城市，隋唐时称作康国，精明的粟特人活跃于从事亚洲内陆的转运贸易。金桃是康国产黄桃，曾作为贡品献给唐太宗，太宗命人将这种珍果种植于宫城的苑囿。书名西风东渐寓意明显。从本书中我们可以看到，唐朝的外来物品是何等的丰富多彩，而这些外来物品对中国社会和中国原有的文化又产生了多方面的影响，其中很多逐步融入中国原有文化之中，最终成为中国文化的组成部分。金银器和玻璃器就是其中来自西方的奢侈品。

金项链

周径 43 厘米　重 91.25 克
陕西省西安市隋李静训墓出土
现藏中国国家博物馆

项链由 28 个金质链珠串成，每个链珠上各嵌 10 颗珍珠。项链的上部有 5 个镶嵌饰，居中的圆形，边缘饰一周金焊珠，内嵌凹刻驯鹿。两侧是对称的方形和圆形镶嵌饰，方形边缘饰金焊珠，内嵌青金石。项链的下部是一组垂饰，居中的圆形金环周饰小焊珠，内嵌珍珠一周，中心嵌饰红宝石。下挂心形垂珠，内嵌青金石。这条项链的多面金链珠及其焊珠工艺、凹雕驯鹿以及环状垂饰珍珠边内嵌宝石的做法均源自西方，青金石在古代也主要产自阿富汗，中国尚未发现青金石矿藏，所以项链可能是巴基斯坦或阿富汗地区的制品。

中国是最早生产出丝绸和瓷器的国家，产品享誉世界，被誉为丝之国、瓷之国。然而中国却没有使用金银和玻璃器皿的传统，因此在手工业的制作上，长期落后于中亚、西亚及至地中海沿岸的古代西方国家。隋唐时期，随着舶来品的涌入，华美昂贵充满异域风情的金银器和玻璃器以其神奇的魅力，受到上层社会的热烈追逐，并促使金银器手工业状况到唐代发生改观。唐代金银器制作工艺早期主要取法西亚波斯萨珊、中亚粟特和罗马—拜占庭，但很快从模仿一跃发展到盛唐时期摆脱西方模式，从器形、纹样乃至工艺创造出崭新的民族风格。玻璃是人类最早发明的人造材料之一，大约诞生于四千余年以前的两河流域。但中国的玻璃制品出现较晚，现有的最早考古发现是在春秋末期至战国初年。尽管玻璃制造业没能发

鹿纹银碗

高 4 厘米　口径 14.7 厘米　陕西西安沙坡村出土　现藏中国国家博物馆

碗底中心刻画一只花角立鹿，鹿与"禄"谐音，寓高官厚禄，是中国古代喜用的吉祥装饰图案。但中国式鹿角是平角形"肉芝顶"，和西方的花角形鹿角不同。碗壁经锤击成型为 12 个起伏的 U 形瓣，也与中亚、西亚 6 世纪银器的风格很相似，所以此银碗被认定为中亚粟特人所制。

八瓣团花描金蓝玻璃盘（丹芭纹描金蓝琉璃盘）

法门寺地宫出土了6件刻纹蓝玻璃盘，刻纹均以植物的枝、叶、花为主题，图案各异，尺寸不同。此件高2厘米，口径15厘米。刻纹玻璃属于冷加工装饰工艺，是用比玻璃硬的尖头材料在成形冷却的玻璃表面浅浅地刻划出来的单线条纹饰。此工艺也是伊斯兰玻璃匠从罗马帝国继承下的工艺之一，在伊斯兰早期流行一时。其中2件在刻纹的基础上，一些主要线条还描绘金色，使本已华丽的盘子更加光彩夺目。

展成中国古代的主要手工业门类，但罗马和伊斯兰阿拉伯帝国时期的玻璃器远销到中国，明代之前，精美的玻璃器始终价逾黄金。在陕西扶风法门寺地宫出土了20件唐皇室供奉的玻璃器，除一套茶托子为国产外，其余均为伊斯兰玻璃器。它们色泽美丽、晶莹剔透、纹样别致、工艺精湛，是当时阿拉伯玻璃制造的杰作。经研究推测，这批玻璃器是伊朗内沙布尔的产品。内沙布尔在9世纪以后是伊斯兰的重要玻璃制造中心之一，也是东西贸易的商业重镇，这些器皿可能是从内沙布尔输入中国的一批贡品或商品。

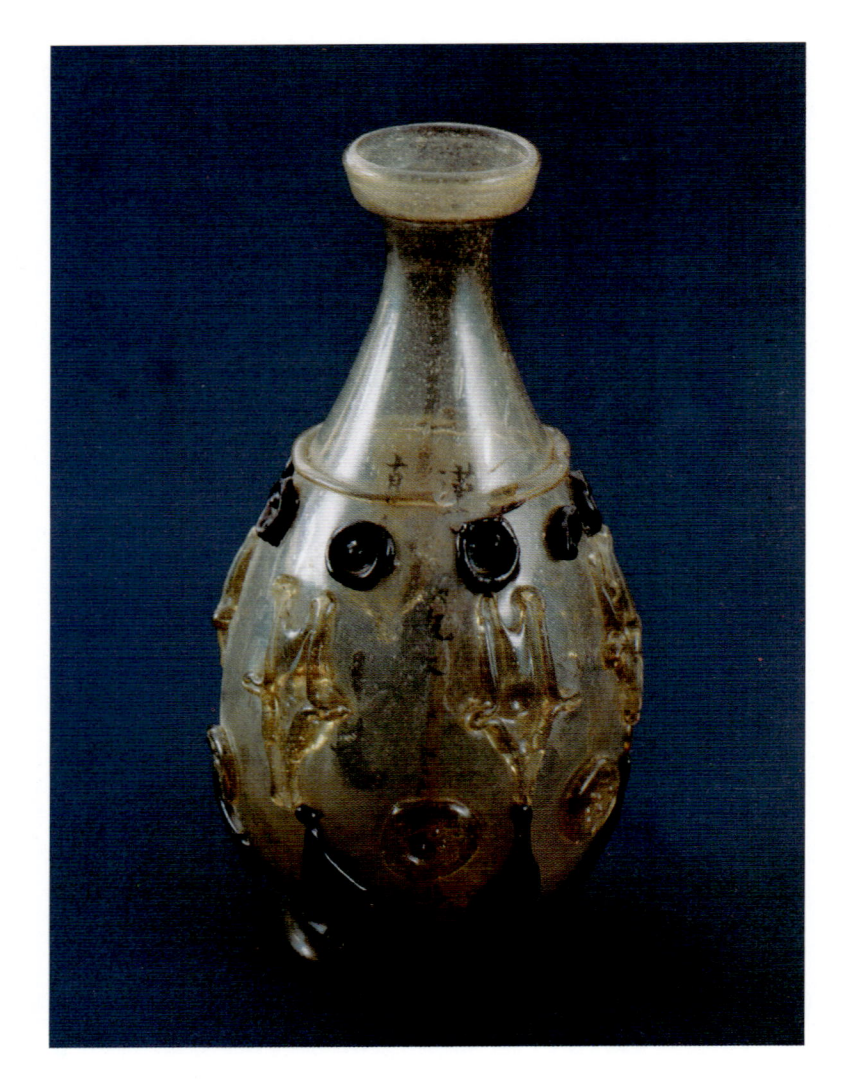

贴花盘口琉璃瓶

高 21.3 厘米　壁厚 0.4—0.45 厘米　陕西省宝鸡市法门寺地宫出土

此瓶产于 8—9 世纪的地中海沿岸，原来可能用于安置佛指舍利，供奉于地宫。瓶体系无模吹制成型，淡黄色，质地透明，肩部缠贴一道玻璃丝凸棱，腹部贴有四排形状不一的花饰。这种贴丝和贴花都属于热加工装饰工艺，地中海东岸的玻璃匠早在罗马帝国时期就已熟练掌握。7 世纪伊斯兰阿拉伯占领那里后，伊斯兰玻璃匠首先继承和发展的就是这种装饰工艺，尤其喜欢生产罗马玻璃中不常见到的贴花器皿。

遣唐使与正仓院宝物

日本为了向中国学习,自隋代起派遣使节团来中国,称遣隋使。遣隋使回国后,对日本的大化改新起了重要的促进作用。唐朝代隋以后,日本沿袭旧制,继续派出遣唐使达 15 次之多。使团的规模、人数也不断增加。日本对使团人员的选拔很严格,除使团官员外,随行者多有教养和经验,很多是日本的饱学之士和各行业的专家里手。这些留学僧和留学生为中日文化交流做出了突出贡献。如吉备真备,在华留学十七年回国,带去大量中国书籍和文物。他后来在日本任左大臣,致力于日本的改革和推广唐朝文化。阿倍仲麻吕(晁衡)在中国和诗人李白、王维等有着深厚的友谊,他因归航受阻,留在唐朝廷做官。空海和尚则将佛教密宗从唐朝传入了日本。遣唐使们积极汲取中国的文化和典章制度精华,大量输入中国的经史子集,使中国文化风靡日本社会,渗透到思想、文学、艺术和风俗习惯等各个方面。同时,遣唐使也随船带来了大量对唐朝的赠品和其他货物,回程也带走不少唐朝的答礼与特产,因而他们不仅促进了两国间的文化交流,也发展了互通有无的贸易往来。正仓院所藏唐代文物,就是遣唐使输入的中国物质文化。

正仓院正仓

正仓院原为奈良时代东大寺的正仓所在之院,故名。现存全系木构建筑,内部分为北仓、南仓和中仓三室。当时京城内的兴福寺、西大寺等亦有设置,但均已废弃,独东大寺的正仓院保存至今。

正仓院是日本奈良时代（710—784）的仓库，在奈良著名的东大寺大佛殿西北面，以其至今收藏有许多奈良时代圣武天皇的遗物和其他重要遗物而闻名于世。正仓院的收藏品数量大、种类多，一般都制作精致、年代明确，而且保存十分完好。其中，中国唐朝的物品占有相当数量。唐代的螺钿器物在正仓院有 20 余件，奈良工匠在保存修复的实践中，逐渐掌握了这门工艺，继而仿制和自创新风，达到很高水平。相反，经唐末五代战乱，螺钿工艺在中国凋落，以致北宋时螺钿器成为日本向中国输入的器物。

银平脱漆胡瓶
高 41.3 厘米 腹径 18.9 厘米 正仓院藏品

此瓶鼓腹，注口呈鸟首状，为波斯萨珊朝的流行式样，但木胎黑漆以及银平脱的花草鸟兽纹饰是典型的中国工艺技术和装饰风格。这是一件融合东西方文化的唐代佳作。

螺钿紫檀四弦琵琶（枫苏芳染螺钿槽琵琶）

正仓院藏品

这是一柄四弦曲颈琵琶。曲颈琵琶起源于西亚，经丝路传入中国，为隋唐音乐演奏中的重要乐器。螺钿工艺即用蚌、螺壳片制成各种纹样，用漆镶嵌在器物表面。此琵琶上的螺钿是唐代流行的宝相花纹饰。

螺钿铜镜

正仓院藏品

民族篇

突厥

突厥人兴起前于金山（今阿尔泰山）一带游牧，受柔然奴役做"锻工"。后逐渐发展壮大，在击败铁勒大破柔然后，于公元552年，首领阿史那土门在于都斤山（今蒙古国杭爱山）建牙，正式建立突厥汗国。突厥疆域最广时，东起辽海，西达西海（今里海，一说咸海），南到阿姆河南，北至北海（今贝加尔湖），控制了包括西域在内的广大中亚和东亚地区。公元583年突厥分裂为东西二部。

突厥石人

生活在新疆天山以北草原地带的许多古代游牧民族有在墓前立石人的葬俗。这件圆雕是典型的突厥武士石人中的精品，魁梧、威严，颈饰项圈，身穿窄袖翻领长衣，脚蹬皮靴，右手托杯于胸前，左手在腰间握长刀。它生动反映了突厥贵族或武士的尚武精神。

阙特勤碑

此碑立于今蒙古国境内。阙是人名,后突厥毗伽可汗默棘连之弟,公元731年卒。唐玄宗派人吊祭,次年立此碑。碑有突厥文及汉文,汉文为玄宗亲书。它对研究唐与突厥关系及古突厥文字都有很大价值。

    东突厥在隋末唐初势力很大,不断南下攻扰抢劫,因此甚至有人向唐高祖李渊建议放弃长安以避突厥。太宗李世民坚决反对这种退缩主张,力主积极抵御。他即位后第三年(629)派十余万大军分路出击,次年灭东突厥。太宗置羁縻府安置突厥降众,仍以突厥贵族为都督、将军进行统辖。另有约万家迁居长安,其酋长皆拜将军、中郎将。后东突厥降众叛唐,重新建立汗国,称"后突厥",公元744年为回纥所灭。西突厥在隋末唐初也很强大,中亚及我国新疆地区都受其统治。太宗为了丝绸之路的畅通,数次派军出征西域,在与西突厥的战争中先后占领今新疆地区。高宗即位不久,西突厥贵族阿史那贺鲁叛唐自号沙钵罗可汗,唐军屡次西征,终于在公元657年击灭西突厥政权。唐在西突厥本部及其统治的中亚地区置府州,隶属安西都护府。

在新疆阿尔泰、天山、准噶尔西部山地的草原上，今天仍能见到散布的石人。这些石人是古代许多游牧民族留下的，其中族属最明确的是突厥武士石人。它们一般右手托杯于胸前，左手在腰间握长刀，孔武有力。因为突厥地处中西交通要道，在唐与印度、东罗马、伊朗等的经济、文化交流上起了沟通作用。唐僧玄奘在太宗贞观初年西行取经时，就曾得到西突厥统叶护可汗的慷慨相助。

突厥有文字，精骑射，工于铁作，兵器先进。突厥马体型和所谓"伊犁马"近似，筋骨合度，能长途奔驰，狩猎、作战都很合用。戎马一生的唐太宗尤爱马，他在统一全国的征战中骑过的六匹战马或来自突厥，马名也得自突厥语。

回纥

回纥亦称回鹘，作为铁勒的一部，散居在今蒙古色楞格河一带，臣属于突厥汗国。隋末唐初，回纥因不堪突厥贵族的奴役和压迫，一再进行反抗，公元627年，在名叫菩萨的首领率领下，大败东突厥，声威大震。这一仗对公元630年唐朝灭亡东突厥也给予了有力的帮助。东突厥灭后，回纥协同唐朝击灭铁勒的另一部薛延陀并尽据其地。唐朝在那里广置羁縻府州，而总隶于燕然都护府。自此，唐朝和回纥的关系日益密切，双方经济文化的交流也愈趋频繁，唐朝的绢、茶和回纥的马匹成为交易的主要商品。公元744年，回纥灭后突厥，建立政权，唐玄宗册封其首领为怀仁可汗。怀仁可汗时，回纥成为北方最强大的民族政权。安史之乱时期，回纥一再出兵助唐平叛，收复长安和洛阳。此后，回纥人留居长安者常以千计。他们在中原接触到摩尼教，并将其传到回纥，定为国教。公元788年，回纥可汗请唐改称其为回鹘，取"回旋轻捷如鹘"之意。有唐一代，皇帝不断以宗室女同周边各族和亲，但嫁给回鹘的公主们都是皇帝的亲生女，可见唐朝与回鹘的政治关系非同一般。

9世纪中叶以后,回鹘屡遭内乱和天灾,国力大为削弱。公元840年,回鹘被其属部黠戛斯族打败,被迫进行大迁徙。其中西迁甘州的一支是今裕固族的祖先;迁往西州和龟兹的西州回鹘是今维吾尔族的祖先。这支回鹘以古高昌城为都,辖境西至库车,东抵哈密东境,北越天山,南接于阗。这一带的绿洲诸国,早自3世纪起就陆续接受沿塔里木盆地向东传播的佛教为国教,隋唐时期佛教发展至鼎盛。高昌回鹘为了迎合西域旧居民的宗教信仰,逐渐放弃摩尼教而改奉佛教。位于吐鲁番的柏孜克里克石窟始凿于6世纪,9世纪以后回鹘王族先在此建摩尼寺,后又改建和扩建为佛寺。

交河故城遗址

位于新疆吐鲁番的交河城为唐安西都护府所在地,后为西州回鹘城镇。城内保留至今的官署、寺院、佛塔、街坊等建筑遗址大部分是唐及回鹘时期修建的。

回鹘文摩尼教寺院文书

纵 30 厘米　横 261 厘米　新疆维吾尔自治区吐鲁番市出土

这是五代或宋时期高昌地区（今新疆吐鲁番）回鹘官府颁发给摩尼教寺院的文书，前面的部分已残缺，现存 125 行，其中规定了摩尼教寺院占有的土地和享有的种种特权。文书上盖有相同的汉字篆文红色长方印多处，印文为"大福大回鹘国中书省门下……宰相之宝印"，说明回鹘官制完全仿效唐朝，设立三省六部，并以三省的长官为宰相。

回鹘王妃礼佛图

敦煌莫高窟第 409 窟

吐蕃

　　吐蕃是藏族的祖先在 7 世纪初建立的一个王国，创建者是松赞干布。他将首都从山南琼结县迁到逻些（今西藏拉萨），削平内乱，统一了青藏高原。由于松赞干布积极发展农牧业生产，创造文字，颁行治理吐蕃的"大法令"，创设行政和军事制度，并从中原及泥婆罗（今尼泊尔）、天竺等地引进文化和技术，使吐蕃社会有了迅速发展。他先娶泥婆罗王女尺尊公主为妻，又向唐求娶汉公主，因未得到太宗许婚而发兵进攻吐谷浑等。在唐军的痛击下，松赞干布请和，并于公元 640 年再次提出求婚请求，这次太宗许以宗室女文成公主妻之。次年，文成公主进藏，松赞干布亲至柏海（今青海扎陵湖与鄂陵湖）迎接。

宝相花纹刺绣锦袜

这件锦袜出土于青海省都兰县吐蕃墓，但属于吐蕃统治下吐谷浑邦国的遗物。吐谷浑是辽西鲜卑族的一支，4 世纪初在首领吐谷浑率领下西迁今甘肃、青海间。其孙叶延正式建立国家，以今青海湖西岸伏俟城为都。唐初，吐谷浑处于唐朝和吐蕃两大势力之间，公元 663 年为吐蕃兼并。这片墓群的发现，证明灭国后的吐谷浑邦国的活动区域主要在青海柴达木盆地，政治中心应在今都兰县。

《步辇图》
唐阎立本绘 纵 38.5 厘米 横 129.6 厘米 现藏故宫博物院

画中唐太宗身着便服端坐步辇，周围簇拥着九个宫女抬辇、持物、执扇、张伞。迎面候立着三位男子，前后手执笏板的是唐朝官员，中间穿窄袖花锦袍拱手相迎的就是吐蕃宰相禄东赞。这幅画有专家认为是北宋摹本。

众所周知，阎立本是唐代大画家。但擅绘只是他的一项特技，在太宗高宗朝为官，他最高做到了右相。不过正因这一本领，阎立本不仅是这次汉藏和亲的见证人，而且还描绘下太宗会见松赞干布迎亲使臣的场景，为后世留下了一幅珍贵的历史画卷《步辇图》。

文成公主将大批书籍、种子带到了吐蕃。随行的汉人工匠带去了汉地的手工业工艺技术。文成公主在西藏生活了近四十年，深受藏族人民的崇敬，被认作喇嘛教中绿度母的化身。松赞干布因得唐公主，羡慕华风，派遣贵族子弟到长安入国学学习诗书，并求取蚕种及造酒、碾硙和纸墨工匠，促进了汉藏文化的交流。七十年后，又一位唐宗室女金城公主和亲于吐蕃王。唐代陈陶《陇西行》有"自从贵主和亲后，一半胡风似汉家"诗语，说明和亲公主们对促进民族间的交流与融合做出了积极贡献。

唐蕃之间时有战争发生，也一再建立盟约友好交往。随着汉文化不断传入吐蕃，吐蕃的马、金器、玛瑙杯和纺织品等特产也传到唐朝。9世纪中叶吐蕃因内部矛盾激化而瓦解。

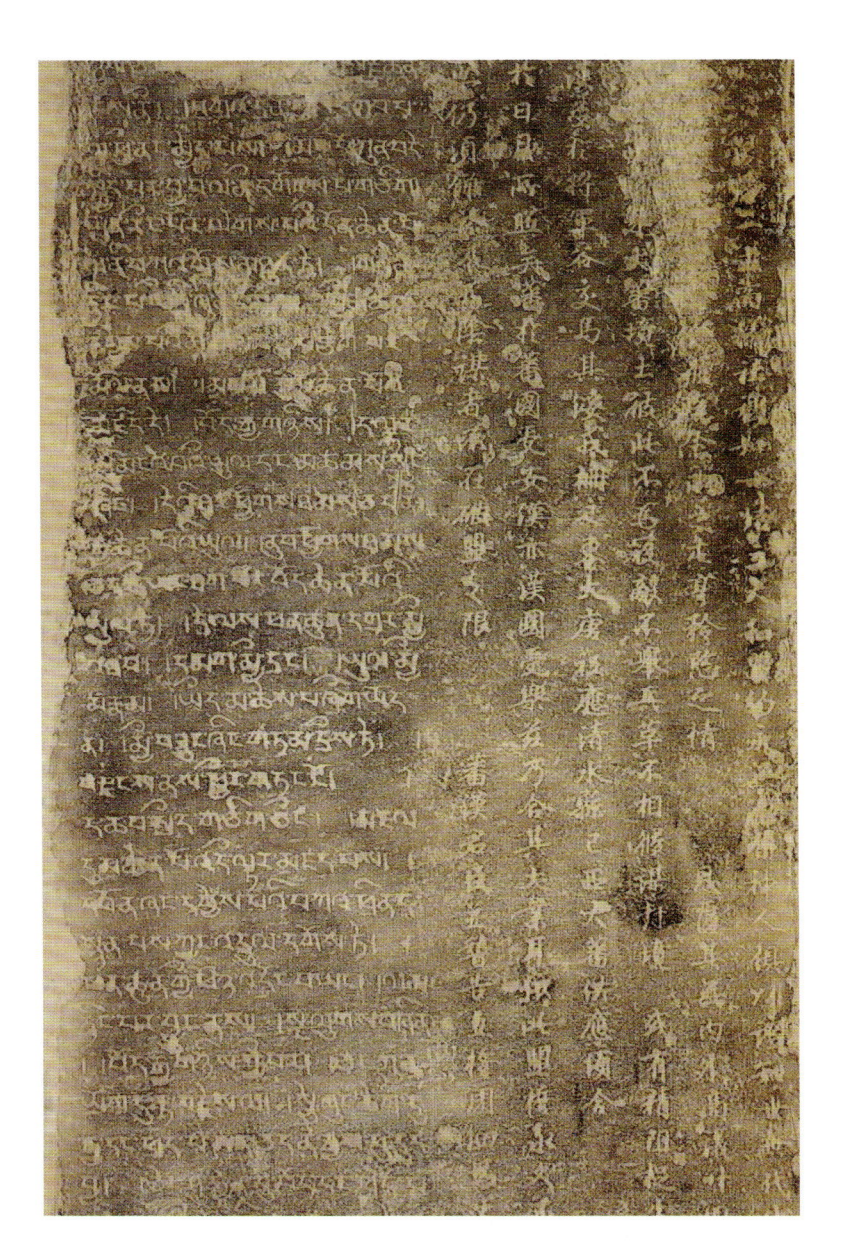

唐蕃会盟碑拓片（局部）
高 4.78 米　宽 0.95 米　厚 0.50 米

安史之乱后，唐朝国力衰落，吐蕃乘势北上，占领了河陇及西域广大地区。唐蕃间不断发生战争，但也一再建立盟约恢复睦邻关系。《唐蕃会盟碑》就是公元821—822年唐穆宗与吐蕃王可黎可足缔结的友好盟约。碑文由汉、藏两种文字镌刻，强调"社稷协同如一""舅甥相好之义"，至今屹立在西藏拉萨大昭寺门前。

南诏

隋末唐初，在今云南大理的洱海周围及哀牢山、无量山北部地区，分布有乌、白蛮众多部族和部落，其中以乌蛮"六诏"的势力最大。"诏"为蛮语"王"之意。唐在六诏各置府州，隶属姚州都督府。六诏之一的蒙舍诏地处今巍山西北，在各诏之南，故又称南诏。唐玄宗时，为了消弭诸诏叛乱，外抗吐蕃，唐朝支持南诏王皮逻阁统一了六诏。然而南诏的继续扩张终与朝廷发生了利益冲突，加之天宝年间（742—755）唐廷腐败，宰相杨国忠等奸臣当道，进一步激化了矛盾，致使双方不断爆发战争，南诏王阁罗凤背唐而依附吐蕃。白居易在《新丰折臂翁》诗中，借一位88岁独臂老翁之口，控诉和谴责了杨国忠"欲求恩幸立边功"而发动的对南诏战争。诗中说，被强征当兵的人"千万人行无一回"，老人不得不"偷将大

细奴逻"全家福"

云南剑川县城西南石宝山的支峰石钟山上，有一处始建于南诏时期的石窟，分布在石钟寺、沙登村和狮子关三个地方，共17窟，139躯造像。造像题材分佛教和世俗两类，世俗类有3窟是南诏王的雕像，虽然它们很可能开凿于大理国时期，却是研究南诏史难得的形象资料。这组造像属狮子关区第11窟，据题记可知是南诏王细奴逻及其后妃、子女，正中坐者为太子。

石捶折臂"才逃过兵役留得残命。在天宝战争中，阁罗凤虽数败唐军，但顾念和唐的臣属关系，收集唐军阵亡将士尸体"祭而葬之"。多年之后，他又在首府太和城内立南诏德化碑，再次表白天宝战争前后的经过和不得已叛唐的原因，言辞中充满了与唐王朝交好的愿望。公元794年南诏终于恢复了同唐朝的和睦关系。以后双方虽时战时和，但经济文化交流始终没有间断，直至公元902年南诏灭亡。

南诏基本上效法唐朝的政治制度，尊崇儒学，佛教流行，官方通用汉文。统治者不断派遣子弟至成都、长安学习，汉民族的典籍也传入南诏。汉人手工业者把纺织技术传入南诏后，其纺织品的质量可与唐朝媲美，至今耸立在大理崇圣寺的千寻塔也是汉族工匠设计建成的。

千寻塔

云南大理崇圣寺内有三塔，两座小塔时代较晚，是大理国时期的建筑，而最大的千寻塔代表了南诏国建筑艺术的最高水平。塔为平面呈四方形的砖塔，在第一层高大的塔身上施密檐十六层，高59.60米，造型与建于8世纪初的西安小雁塔很相似。千寻塔应建于唐开成（836—840）年间以后，由汉族工匠恭韬、徽义设计建造。

南诏德化碑
高 4 米 宽 2.46 米 厚 0.58 米

太和城遗址在今云南省大理市太和村，现只剩部分残垣断壁和一通南诏德化碑。碑立于公元 766 年，碑文汉文行书，歌颂了阁罗凤的功绩，记录南诏强盛时的疆域、军政设施、与唐的关系及境内各民族生活习俗等，是研究南诏史的重要资料。相传由南诏任用的汉人官员郑回撰、杜光庭书。

渤海

隋唐时，分布在松花江、牡丹江流域及黑龙江中下游，东到日本海的主要民族是靺鞨。靺鞨分为众多部落，各部发展不平衡，其中的粟末部居最南方，较先进。公元698年粟末部首领大祚荣建立了以粟末部人为主体的"震国"，公元926年为契丹所灭，历时二百二十九年。公元713年唐玄宗派崔忻以摄鸿胪卿的身份和敕持节宣劳靺鞨使的名义出使，册封大祚荣为渤海郡王，以其所部为忽汗州，加授其忽汗州都督，统辖地区从此改称"渤海"。崔忻完成使命后回返，次年途经旅顺时在黄金山下凿井两口留作纪念，并在一块"其大如驼"的石上刻石题记。如今，鸿胪井已掩埋于土石之下，而见证唐王朝和渤海关系史的这块刻石在20世纪初的日俄战争结束后，被日本海军作为战利品掠至国内献给皇室，至今陈放在宫内庭院。

"鸿胪井"刻石及拓片

刻石原文："敕持节宣劳靺鞨使鸿胪卿崔忻，井两口，永为记验。开元二年五月十八日。"这段文字证实了唐开元元年册封之事及渤海国由靺鞨人建立。

渤海与汉族的经济、文化交流相当发达，政治、军事制度多仿唐制。当时渤海通往内地的要道是沿鸭绿江经现在的旅顺口入海，至登州（今山东蓬莱）登陆。渤海使用汉文，经常派遣留学生在长安学习儒家经典和先进的文化技术，并参加科举考试。渤海曾有国相父子二人先后在长安考中进士的佳话。上京城是渤海五京之一，经考古发掘，其布局基本以隋唐长安城为蓝本，由外郭城、皇城和宫城三部分组成。宫城中心区有五座宫殿自南向北排列在中轴线上，其中第2号宫殿位于宫城的中心，是宫城内规模最大规格最高的建筑，第3、4号宫殿是一组前殿后寝的建筑形制，分别用于处理朝政和生活起居之用。在宫城的遗址内出土了不少铺地陶砖、三彩釉陶兽头和鸱吻等建筑构件，从这些遗址遗物不难看到汉唐的风采，而且可以想象"海东盛国"的昔日辉煌。

宝相花纹陶砖

长39厘米 宽39厘米 厚5厘米
黑龙江省宁安市渤海上京龙泉府城遗址出土 现藏中国国家博物馆

宝相花纹是中国传统吉祥图案，由牡丹、莲花和大小花叶等组成，盛行于隋唐时期，唐代的大明宫就铺有宝相花纹方砖。这种时尚也传及渤海。

三彩釉陶兽头

残高26.5厘米 黑龙江省宁安市渤海上京龙泉府城遗址出土

渤海都城的特征是中轴线布局，有大型宫殿建筑和高等级的釉陶建筑构件。在上京第2号宫殿基址出土的这种兽头采用了唐代兴起的低温釉陶工艺。

宗教篇

尊儒崇道

自汉代武帝罢黜百家、独尊儒术以来，儒家学说正式占据了统治地位，成为中国传统文化的主导思想。隋唐时期，佛学昌盛，儒、佛、道三教并尊，但政治法度仍是儒家的一套。隋朝建立的时候，经魏晋南北朝的长期战乱，经籍散失严重。隋文帝在牛弘的建议下，从民间广泛征集搜罗儒家经典。他的方法是献书一卷，给缣一匹，由国家组织人力誊写，之后原件奉还，此法使国家藏书倍增。唐太宗称帝前就置秦府十八学士，留意儒学。即位后，尊孔丘为"先圣"，当时四方儒士会集京师，使"儒学之盛，古昔未之有也"。高宗追赠孔子为"太师"，亲自隆重祭孔。玄宗则进一步将孔子地位抬高至"文宣王"。科举考试的重要内容便是儒学，其中的"明经"科更是专考儒家经学。经学是训解儒学经典之学，本有南北学派之分，隋唐政治的统一推动经学进入大一统时代。高宗时孔颖达等名儒完成《五经正义》，玄宗将儒家经典合为九经。公元837年，文宗根据宰相兼国子祭酒郑覃的建议，将九经文字刻在石上，立在长安城皇城南门外务本坊的国子监太学内，供士人学子校正经书，防止传抄讹误。因值开成二年，故称"开成石经"。

唐朝皇帝为了借助神权抬升皇室地位，自命道教教祖老子李聃的后裔，一再明令规定道教在儒教和佛教之上。在陕西周至县终南山北麓有座楼观台，相传是老子著《道德经》并筑台授经之所。唐高祖曾亲临此地拜谒老子，并修缮扩建，命名为宗圣宫。自此，楼观台成为道教圣地。玄宗对道教的推崇更达到登峰造极的地步。他尊老子为"玄元天皇大帝"，玄元庙升格为宫，一切依宫阙之制；诏令道士、女冠隶属管理皇家宗族事务的宗正寺；广置道观，设立崇玄馆、崇玄博士，令士人学习《道德经》等道家典籍，并在科举中开设道举。他还亲自注释《道德经》，令各州县镌刻道德经幢，供人诵读。在河北易县龙兴观遗址至今耸立着一座易州刺史于公元

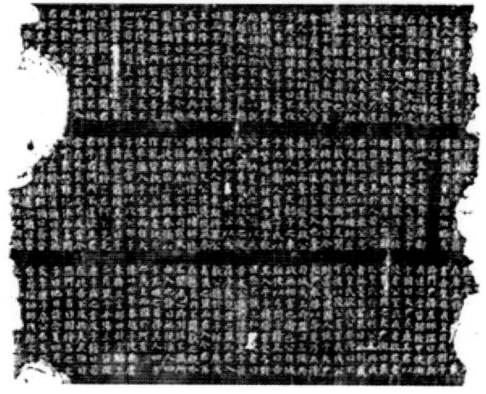

开成石经
均高 217 厘米 宽 97 厘米 现藏陕西省西安市碑林博物馆

公元 904 年,朱温迫唐东迁洛阳,并缩建长安城,致使其委弃于郊野,后重新移至城内。公元 1087 年,北宋为保护这部石经及唐代颜、柳、褚、欧阳等名家书写的珍贵碑石,将它们迁移到府学,即今碑林所在地,从此开启了碑林历史的篇章。开成石经共有 114 块刻石,两面刻文,艾居晦、陈玠等书,字体为楷书,标题为隶书。刻有《周易》《尚书》《诗经》《周礼》《仪礼》《礼记》《孝经》《论语》《尔雅》《左传》《公羊传》《谷梁传》十二部经书,另附《五经文字》《九经字样》两书,共计 65 万余字。这项国家级浩大工程,对弘扬经学有很大贡献。

后蜀石经残件

残高 29 厘米 残宽 21.5 厘米 厚 7.5 厘米 传 1938 年四川成都出土

后蜀是五代十国时期割据四川的政权之一。统治者在广政年间（938—965）始刻儒家经籍，共完成十经。经宋代补刻，成为完整的十三经。后蜀石经经文下有注文，为历代石经所独有。

738 年奉敕建立的经幢，高约 6 米，幢身八棱，正楷大字书"太上玄元皇帝道德经大唐开元神武皇帝记"。余刻玄宗颁发的推崇《道德经》敕文及《道德经》八十一章。唐代不少皇帝还迷信道教长生不老之术，因服食金丹而丧生。道教是中国土生土长的传统宗教，其思想和方术渊源"杂而多端"。与成熟的佛教相比，道教教义内容庞杂，教规戒律、宗教组织等也不成熟。唐代的崇道国策与道教的兴盛，推动了道教理论体系走向成熟化系统化，形成了一定的经典、教义、戒律、修炼仪式、宗教组织等，逐渐发展成为正规的宗教。

老君石雕像

高 190 厘米 现藏陕西省西安市碑林博物馆

老君即太上老君,是道教对老子的神话称呼。这尊像作于唐玄宗时期,原在陕西临潼骊山老君殿,属于华清宫朝元阁遗物。据说为玄宗夜梦,神人点化而造。安史之乱使华清宫毁于战火,老君像也遭破坏。

大唐嵩阳观纪圣德感应之颂碑
高 9.02 米 宽 2.04 米 厚 1.05 米

该碑位于河南登封峻极峰下的嵩阳书院,隋唐时为嵩阳观。玄宗天宝三年(744)刻制,是目前河南省最大的碑。碑文由李林甫撰文,裴迥篆额,徐浩八分隶书。内容主要叙述了嵩阳观道士孙太冲为玄宗寻求长生不老之术而炼丹九转的故事。其书法、雕刻、碑体造型被誉为"三绝",具有很高的历史、艺术价值。

皇家与佛门

隋唐流行儒、佛、道"三教"之说,皇帝经常下诏让"三教"名流辩论于殿廷,使各教为争高下的讲论成为风尚,而这种讲论也渐由彼此论难趋向融汇调和,最终形成了"三教合一"的局面。

皇帝在尊儒崇道的同时,也借重佛教教化民心,给予佛教以相当的礼遇。佛门则通过依附世俗王权统一南北佛学,翻译佛典,创建宗派,最终形成了不同于印度的中国式佛教,并逐渐取代印度,成为世界佛教传播的中心,使佛教进入了全盛时期。

集王圣教序碑
高350厘米 宽100厘米
现藏陕西省西安市碑林博物馆

碑文是唐太宗为玄奘所译佛经而作的序文及太子李治(即后来的高宗)作的述记等。太宗在序文中赞玄奘"松风水月,未足比其清华;仙露明珠,讵能方其朗润"。公元672年,长安弘福寺僧怀仁集王羲之墨迹成文并镌刻成碑。

隋文帝杨坚乳名"那罗延"。那罗延即金刚力士之意，是佛教的护法天神。一般在寺院的山门左右各安置一尊手执古印度兵器金刚杵、作怒目勇猛之相的塑像，左边的称密执金刚，右边的就是那罗延金刚。文帝果然是护法皇帝，登基伊始就诏告天下，听任百姓出家，并令计口出钱营造经像，于是出现了民间佛经多于儒家六经数十百倍的现象。炀帝杨广做晋王时就与江南高僧智顗关系密切。智顗亲赴扬州为其授菩萨戒，法号"总持菩萨"，杨广则奉智顗为"智者大师"。智顗终以依附皇室创建了一宗之教并建立起天台宗根本道场国清寺。

唐太宗和高宗父子都与高僧玄奘保持着亲密关系，支持他的译经活动。玄奘也不遗余力地争取皇家以扩大佛教的影响。他请皇帝为其译经作序，为高宗之子取名"佛光王"。龙门石窟的奉先寺大卢舍那像窟是高宗和皇后武则天经营的皇家窟龛，武则天曾资助过脂粉钱两万贯。据民间传说主尊卢舍那佛坐像就是按照武则天的形象雕凿而成。武则天以周代唐称帝，更是自称弥勒佛化身，在长安、洛阳两京及各州建大云寺，开窟造像、广度僧尼、大做佛事。她明确宣布佛教在道教之上，改变了以往道先佛后的官方座次。唐皇家的佛教生活尤以瞻仰、迎接法门寺佛骨进宫供养活动蔚为壮观。

佛指舍利

"舍利"是梵语音译，通常指佛祖释迦牟尼火葬后的残余骨烬。由于有见佛骨如见佛自身的说法，相传释迦牟尼火葬后，由八国分取舍利建塔供奉。公元前3世纪，印度的阿育王大兴佛法，取出佛祖舍利纷洒大千世界。据记载，中国有十七座阿育王舍利塔，陕西扶风法门寺塔是其中之一。这枚佛指骨舍利出土于法门寺塔基地宫，同出还有唐代皇家历次迎送佛骨的供奉品，包括金银器、琉璃器、瓷器、漆木器、珠宝玉器、锦绫丝织品等数千件，是一座真正的地下宝库。

锡杖

法门寺地宫出土，为唐懿宗供养法器。这枚迎真身鎏金银四轮十二环锡杖全长1.96米，重2390克，堪称佛教世界"锡杖之王"。

  法门寺是唐代香火最为兴旺的皇家寺院，朝廷尊奉其塔内的佛骨为"护国真身舍利"。据说阿育王塔三十年一开，"开则岁丰人安"，天下太平。这种非同凡响的效果使迎奉佛骨成为唐朝重要的国家大典。太宗、高宗、武则天、肃宗、德宗皇帝都曾迎奉过佛骨，规模最大的则在宪宗和懿宗时期。公元819年，宪宗诏命迎奉佛骨活动因韩愈的激烈反对而尤为著名。韩愈在《谏迎佛骨表》中历陈其弊，建议将佛骨"付有司，投诸水火，永绝根本"。宪宗大怒，下令处死韩愈，经宰相裴度求情，最终贬为潮州刺史。在左迁路上，韩愈写下"一封朝奏九重天，夕贬潮州路八千。欲为圣明除弊事，肯将衰朽惜残年"的诗句。公元873年，懿宗迎奉佛骨虽仍有谏阻，但他说："朕生得见之，死亦无恨！"迎奉用的宝帐、香车、幡、幢等都用珍宝锦绣装饰，从京城到法门寺数百里间，车马昼夜不绝。佛骨到京后，一路由禁军仪仗引导，士女云集，彩楼夹道，音乐沸天，香火烛地，念佛声震耳欲聋，盛况空前绝后。次年，佛骨被送还法门寺地宫。随后，由于唐朝中央权力日衰，法门寺在接踵而至的兵变、起义、军阀混战中渐渐淡出人们的记忆，直到1987年封藏地下千余年后才重见天日！

舍利容器

这组容器出土于甘肃省泾川县大云寺,从外到里依次为石函、铜匣、银椁、金棺、舍利瓶,现藏甘肃省博物馆。武则天于公元690年称帝,据石函铭文,大云寺建于公元694年。

译经与刻经

唐僧玄奘赴印度取经的故事因明代吴承恩的《西游记》而家喻户晓。其实,作为著名高僧,玄奘不仅是不畏艰险的旅行者,还是一位卓越的翻译大师。玄奘与早期高僧鸠摩罗什、真谛并称为中国佛教三大翻译家,但他自公元645年载誉回国后直至公元664年生命终结,在十九年的光阴中译出梵文经典74部,共1335卷,远超二位前辈翻译的总和,而且译著质量之高也堪称空前绝后。

唐代以前,佛教的主要经典几乎都有了汉译本,但译者或为中亚、印度来华的高僧,虽精通梵语对汉文却不在行;或为华僧,精通汉文对梵文又缺乏了解。这种状况致使译文或诘屈聱牙不知所云,或听言揣意略得大概。玄奘在佛经的翻译史上开辟了一个新的时代。他有着良好的国学基础,在印度留学多年,精通佛学、梵文,对中、印文化都有非常通透的了解,这些条件是其他译者无法相比的。而且,玄奘有太宗和高宗两代皇帝的支持,可以从全国海选对佛学、汉语造诣深的僧侣分工协作助译,建立起高效的翻译机构。

慈恩寺大雁塔

慈恩寺位于陕西西安，公元648年时为太子的唐高宗为其母文德皇后建。大雁塔由玄奘倡议兴建，用以储藏他从印度带回的经像。寺内另建翻经院，玄奘曾住此主持译经八年。当时翻译大部头的佛经，需有许多人的分工合作。如：先要由通晓梵文的人把经文译成汉语，然后由精通佛典的人加以校正，再由中文修养高的人根据佛经原意连缀润色成文。此外，还要有专人负责抄录、誊写、校对，等等。玄奘在慈恩寺及玉华寺等都组织了这样的专门翻经译场。

《大般若波罗蜜多经》

唐写本　卷长334厘米　宽26厘米　现藏陕西省西安市碑林博物馆

这部经简称《大般若经》，600卷，为玄奘在玉华寺所译最后一部经。

玄奘对翻译精益求精，他不拘泥于以往直译或意译的框框，以直译配合意译，坚持既不违背原意又便于中国读者阅读的原则，使译作文从字顺、文义切合，形成了鲜明、精严、凝重的翻译文体。继玄奘之后唐代的翻译家还有义净，他也曾赴印度取经求法多年，回国后兢兢业业主持译经并达到很高水平。正是由于他们的不懈努力，使得唐朝在中国佛教史的佛经翻译中居功至伟。

玄奘题名石佛座

这件石佛座发现于陕西铜川玉华寺遗址。玉华寺是玄奘生命的归宿地。公元659年，玄奘因自感身体不济，为在有限的时间里更多地译经，他征得高宗同意，离开繁华喧闹的长安来到这里，从此再未离开。佛座上面的佛像早已不知去向，但其下部所刻"大唐龙朔二年三藏法师玄奘敬造释迦佛像供养"题记说明它施造于玄奘圆寂前两年，即公元662年，是玄奘法师留下的遗物。

《大佛灌顶经》拓本

唐大和五年（831）刻造

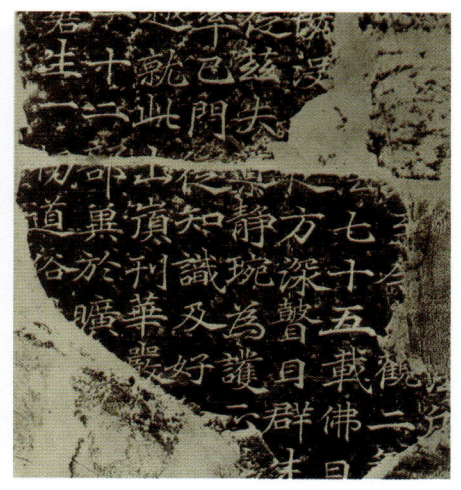

静琬题刻拓本

碑石在北京房山云居寺雷音洞外左壁，题刻现仅存约60字，有"静琬为护正法，……就此山顶刊《华严经》等一十二部"字样，唐贞观二年（628）造，是研究房山石经历史最早的一件实物。

　　佛教有末法时期佛法也将消灭的传称，因而自北齐始，中国佛教徒仿效儒家镌刻石经之例，也将重要经典刻于摩崖或碑版上加以保存，如北齐时代山东泰山经石峪的《金刚经》、徂徕山的《般若经》等。其中，以北京房山云居寺石经规模最大。北魏和北周时期发生的废佛运动给了佛教沉重的打击，并在佛教徒心中留下深刻印象。因此隋末唐初，幽州智泉寺僧人静琬首先在此地刻藏石经约三十年，以后历代继续增刻直至清康熙年间，绵历千年不断。现寺中存有石刻大小经版共计14278块，镌刻佛教典籍1122部，3500余卷，以盛唐和辽金时期所刻数量最多，分藏于石经山上九个石洞及云居寺西南的地窖中，堪称世界上最大的文物宝库之一。经文后常附有题记，共6000余则，记载着刻经时间以及发起人等内容，尤以唐代的题记最为丰富。这些石经是研究我国古代文化、艺术，特别是佛教历史和典籍的重要文物。

佛国气象

　　隋唐在统一的政治形势下，经济文化高度繁荣，佛教势力也得到迅速发展，一个以寺院经济为基础，创立宗派，具有独立理论体系的中国佛教最终形成。而伴随佛教自西往东传播的佛教艺术也完成了东方化的过程，取得了前所未有的成就。隋代造像、壁画尚处于融合南北朝艺术风格，酝酿唐代新风的过渡时期，一般面相方圆、粗颈、端肩、短腿，形体较为呆滞。唐代则以健康丰满的体态、亲切慈祥的神情和自然写实的风格展现出中华民族盛世雍容的气象。

菩萨立像
隋代黄花石雕像　高103厘米　陕西潼关出土
现藏陕西省西安市碑林博物馆

观音造像

高 53 厘米　浙江省金华市万佛塔塔基出土　现藏中国国家博物馆

这是五代十国时期吴越国造鎏金铜像。吴越统治者崇信佛教，大兴佛寺，铸造、印制了大批佛像分送各寺院供养，当时流行在塔基内放置塔幢和各种佛像。

奉先寺大卢舍那像龛

这是龙门石窟像龛主尊卢舍那大佛,高逾17米,方额广颐,面容丰满端庄,睿智慈和。

  这一时期的石窟寺艺术成就卓著,窟龛摩崖遍及南北,形象内容焕然一新。各地石窟的发展演变尽管有着各自的地方特点,但都不同程度地受到全国主要政治、文化中心所盛行的内容形象的影响,中原北方已成为影响深远的石窟艺术主流。龙门石窟是我国著名石窟,世界文化遗产。它位于唐东都洛阳,分布在城南伊河两岸的龙门山和香山,历经北魏至宋四百余年陆续开凿,唐代达到鼎盛,所开窟龛约占全部的三分之二。唐代奉先寺大卢舍那像龛,公元675年完工,由卢舍那佛、弟子、菩萨、天王、力士等11尊雕像组成,布局严谨,表情生动,刀法圆熟精致,是唐代石雕艺术的杰作。甘肃敦煌莫高窟是另一处著名石窟、世界文化遗产，亦称"千佛洞"。这里自 4—14 世纪，连续开窟造像不止，形成南北长 1680 米的石窟群。现存历代营建的洞窟 735 个，鳞次栉比分布于高 15—30 多米的断崖上。有南、北两区，其中南区 492 个洞窟是礼佛活动的场所，拥有彩塑 2000 多身，壁画 45000 多平方米，木构窟檐 5 座。北区的洞窟乃是僧侣修行、居住、瘗埋的场所，内有土炕、灶坑、烟道、壁龛、灯台等，但多无彩塑和壁画。隋唐时期是莫高窟的全盛期，现存隋唐洞窟占石窟总数的 60% 以上。由于政治的统一，莫高窟唐代塑像风格与中原更趋一致，形体的塑造和人物性格的刻画都有新的提高。题材和内容增多，出现了前代没有的高大塑像，如武则天时期的北大像高 33 米；玄宗时期的南大像高 26 米。壁画题材丰富，依据佛经故事所作内容复杂的巨幅经变画数量大增，"张议潮出行图""宋国夫人出行图"等历史人物画臻于顶峰。这些美术瑰宝无不以其宏伟的场面、瑰丽的色彩、生动的气韵营造出中国特色的佛国世界。

舞乐壁画

这是敦煌第 220 窟初唐《药师经变》壁画的局部。敦煌壁画需在整治过的石壁上涂抹二至三层草泥，然后布局定位、起稿、涂色、定形，完成壁画形象的绘画。

乐山大佛

这尊唐代摩崖弥勒坐像高达71米,位于四川乐山岷江、青衣江和大渡河三江汇流处。自公元713—803年就在山岩上整体雕凿而成。其历时之经久,规模之宏大,举世闻名。

文艺篇

诗词文章

唐代文学在中国古典文学上占有突出地位。韩愈、柳宗元倡导的古文运动，力反南北朝以来单纯追求形式上的文字美而导致缺乏充实内容的骈偶文风，提倡散体。他们的散文在继承先秦两汉古文的基础上，加以创新和发展，以不蹈袭前人言句，"文从字顺""文以明道"成为后世做文章的楷模，在唐宋八大家中占得席位。诗在唐代文学中成就最高。清康熙年间编纂的《全唐诗》有900卷之多，收录作者2200余人，唐、五代诗48900余首，并附有唐五代词。这些诗歌许多反映了丰富的社会生活，具有完美的艺术形式，至今深受人们喜爱。

唐代诗人灿若星汉，初唐陈子昂一扫南朝绮靡颓废的流风，其诗刚健朴素，为唐诗的发展开拓了道路。盛唐最著名的诗人有李白、杜甫、王维、孟浩然、高适和岑参等。王、孟诗多表现山水田园隐逸生活，清淡而长于写景，状写传神。高、岑从军多年，对边塞生活有切身体验，以写边塞诗见长。真正代表盛唐诗坛的大诗人当推李、杜。李白有"诗仙"之誉，其诗多歌咏壮丽山河，气势磅礴，想象力丰富，语言生动明快。他蔑视权贵、豪放不羁的品格也在诗篇中闪烁光芒。"语不惊人死不休"是杜甫的座右

李白像

据故宫南薰殿藏品摹绘

李白（701—762），字太白，祖籍陇西成纪（今甘肃秦安）。隋末其先人流寓碎叶（今巴尔喀什湖南面的楚河流域），他即出生于此，幼年随父迁居四川江油。辛于安徽当涂。

杜甫像

据故宫南薰殿藏品摹绘

杜甫（712—770），字子美，河南巩县人。他的诗反映了唐代从强盛到衰落这一转折时期的社会矛盾和历史面貌，故有"诗史"之称。

铭，其诗风格沉郁顿挫，高度凝练而挥洒自如，被誉为"诗圣"。韩愈、白居易、元稹和李贺是中唐诗人的佼佼者。元、白在诗歌创作方面发起的用通俗化的乐府体写时事和社会生活的新乐府运动，对唐诗的发展有重大贡献。李贺虽只有二十七年的短暂人生，但其诗指陈时政之弊，且以驰骋的想象，为唐代诗坛创造出富有

韩愈墓

韩愈（768—824），字退之，河南河阳（今河南孟州）人，其文学地位被列为"唐宋八大家"之首。韩愈葬于孟州市西紫金山南麓，历代多次修葺。现存墓园为清乾隆年间整修扩建而成。

《琵琶行》行书卷

《琵琶行》是白居易的代表作，此为明代文徵明手书。白居易（772—846），字乐天，山西太原人。他生活在安史之乱后唐朝走向衰落的时期，诗作以形象生动的语言和白描手法揭露权贵的腐朽奢淫、专横跋扈，也真实地反映了民众疾苦，在民间流传很广，妇孺皆能吟诵。

浪漫主义色彩、新奇瑰丽的诗境。晚唐的著名诗人有"小李、杜"。李商隐的诗具有隐晦朦胧、文字清丽的特色。杜牧不满"奇丽"，追求"高绝"，力图在晚唐轻靡浮浅的流风外独具一格。五代十国是词的重要发展阶段，南唐后主李煜以自然、精练而又极富表现力的语言将亡国之痛写得生动深挚，在内容和意境上，为宋词的发展开拓了新的领域。

书法风骨

中国文字是世界上延续下来的最古老文字，这种已绝无仅有的表意文字在毛笔书写时的执笔、用笔、点划、结构、分布等方法，形成了中国传统的书法艺术。自汉魏之际起，书法艺术开始脱离篆、隶的窠臼，演变出楷书、行书和草书。隋唐时期，书法艺术融汇南北笔法，形成继往开来的新风格。尤其楷书，后世书体殆不出唐人规矩、风范。

隋末唐初的虞世南及欧阳询、褚遂良号称初唐三大法书家，传世法书有虞世南的《孔子庙堂碑》、欧阳询的《九成宫醴泉铭》和褚遂良的《圣教序》等。欧阳询的书风承自晋人，又独具情态，其独创的"欧体"，笔力险劲，当时已名重京城，成为学书争相模仿的楷范。甚至朝鲜半岛上的高丽国也几次派遣使臣到唐朝求取欧阳询的书法，令高祖李渊感慨不已。唐朝最重要的货币"开元通宝"钱文就是欧阳询书写的。他没有使用传统的篆书，而是采用八分隶体，方圆兼备，端庄浑厚，很能显示唐文化兼容并包的博大胸襟，并为后代钱文所效仿。南宋诗人陆游曾说："学书当学颜"，可见颜真卿的"颜体"对后世影响之大，被视作楷书正宗。颜真卿是盛唐时人，字清臣，其一生实践着"清臣"所包含的道义风范。安史之乱中，他任平原太守，坚守城池抗击叛军。安史之乱后，他受命

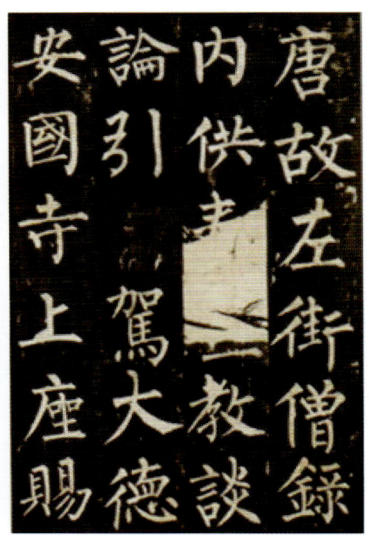

九成宫醴泉铭碑拓本

唐九成宫是在隋仁寿宫的基础上修缮而成，位于陕西麟游县。《醴泉铭》由宰相魏征撰文，欧阳询书丹，记录了贞观六年（632）太宗在九成宫发现泉水的故事。碑石立于宫城北面的玄武门内。此为欧阳询晚年的代表作，被誉为楷书之范。

玄秘塔碑拓本

该碑立于会昌元年（841），现藏陕西省西安市碑林博物馆。裴休撰文，柳公权书丹。

前往安抚藩镇叛军而被扣押，终舍生取义被叛军杀害，享年77岁。"书为心画""书如其人"，颜真卿的字端庄方正，形体敦厚，笔法遒劲，气势雄浑，传世作品以《多宝塔碑》《麻姑仙坛记》等最负盛名。中晚唐之际的柳公权吸收欧、颜二家之长，自成疏朗严谨，骨骼挺劲的"柳体"。颜真卿和柳公权并称"颜柳"，他们的字体特点被评为"颜筋柳骨"。柳公权在当时就颇有名气，富贵之家竞请其为亡先人书写碑志，否则会被认为不孝。名作有《神策军碑》和《玄秘塔碑》等。唐代的草书也取得了突破性成就，世称"颠张狂素"的张旭和怀素开创了"狂草"风格。

颜氏家庙碑

颜真卿于公元780年为纪念其父而作，是晚年的代表作，现存陕西省西安市碑林博物馆。宋代大文学家欧阳修面对此碑曾感慨颜公书法，"如忠臣烈士道德君子。其端严尊重，人初见而畏之，然愈久而愈可爱也"。

写本《佛说大药善巧方便经》

唐代不仅有许多著名的法书家,更有成千上万以抄写为生的书手或经生,他们虽然默默无闻,但同样成就着唐代光辉的书法艺术。这件敦煌藏经洞发现的写经,楷书纯熟,章法严谨,笔力遒劲,堪称楷书佳品。

丹青写作无声诗

　　隋唐五代时期的绘画仍以人物画占重要地位,但以往只是作为人物画配景的山水、花鸟亦开始成为独立的绘画主题。这一时期的画坛名家辈出,他们在画法上各有独特的创造,但流传下来的作品很少。初唐阎立本工肖像尤精,善于刻画人物性格,存世作品除宋代摹本《步辇图》外,还有美国波士顿艺术博物馆收藏的《历代帝王图》。"画圣"吴道子,盛唐时人,擅画佛道人物,曾在长安、洛阳寺观作壁画。他用状如兰叶的笔法表现衣褶,有飘举之势,人称"吴带当风";用焦墨勾线,略加淡彩设色,又称"吴装"。苏轼给予他的评价是:"……画至吴道子,古今之变,天下之能事毕矣。"盛唐、中唐之际的张萱和周昉以仕女画著称,使人物画又有新的发展。故宫博物院藏隋代展子虔绘《游春图》是现存最早的卷

三兔飞天藻井壁画

这是敦煌第407隋窟藻井上的壁画临摹。藻井为方形，中心绘八瓣重层大莲花，圆形花心中绘三只飞奔追逐的兔子。三兔共三耳，但却有每兔双耳之感。三耳构成的三角形与圆心外框自然成趣。莲花四周环绕八位飞翔的飞天和旋动的天花，运动方向与三兔一致。外围是花纹细密规整的边饰及帷幔。整个藻井结构严谨，动静有致，造型生动，色彩华丽，显示了画师丰富的想象力和艺术表现力，是隋代藻井的代表作之一。

轴山水画，它以青绿重色描绘贵族春游情景，但在布局上将山水由早期的背景平铺改变为远近错落、咫尺千里之势。唐代李思训父子的金碧青绿山水代表了唐代山水画的最高成就，流传至今的李思训《江帆楼阁图》现存台北故宫博物院。诗人王维亦擅长山水画，其"不衣文采"务求淡雅的水墨山水如同无声的诗，开创了山水画的新时代，对后世文人画影响甚大。五代十国的著名画家荆浩、关仝擅画崇山峻岭、关河之势，代表了北方山水画的主要流派。董源、巨然用或浓或淡的水墨描写江南景色，成为南方山水画的主要流派之一。此外，唐代曹霸、韩幹以画马著称，杜甫作《丹青引》诗赞曹霸所绘玄宗御马"一洗万古凡马空"。后蜀的黄荃擅画宫廷的珍禽异卉，南唐徐熙描绘的水鸟汀花表现出江湖野逸。代表这一时期绘画艺术成就的还有壁画，无名画师们的杰作主要保存在石窟寺及墓葬。甘肃敦煌莫高窟、新疆拜城克孜尔及库车库木吐拉千佛洞壁画，陕西乾县唐章怀、懿德太子和永泰公主墓壁画等，令世界惊艳，闻名遐迩。

《夏景山口待渡图》（局部）

这是五代南唐宫廷画家董源的作品，现藏辽宁省博物馆。董源风格技法来自王维和李思训。他擅长水墨或淡着色的山水，用状如麻皮的皴笔表现山峦，多画丛树繁密、丘陵起伏、云雾显晦的江南景色。也有近李思训格调设色浓重的，山石皴纹甚少，景物富丽，而较放纵活泼。

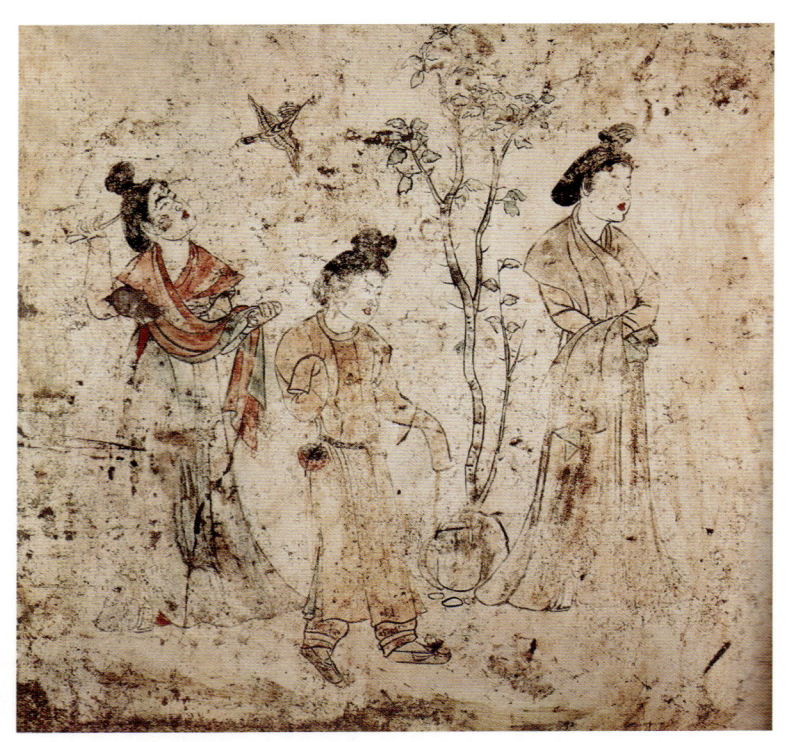

《观鸟捕蝉图》壁画

此壁画出土于陕西省乾县唐章怀太子李贤墓。李贤是高宗及武则天的次子,其墓的墓道及墓室壁上共绘有54幅壁画,400余平方米,内容可以说全方位地展示了唐代皇室成员的生活场景,社会历史价值极高。同时,一幅幅精美的壁画,也展示出唐代画师高超的艺术水平。这幅壁画位于前室西壁,生动再现了三名宫女闲暇时极富生活情趣的瞬间。其中那位蹑手蹑脚捕捉秋蝉的侍女还穿着男装。

《五牛图》

这是唐代画家韩滉的名作，现藏故宫博物院，千余年来其流传经历颇富传奇。韩滉擅绘人物及农村风俗景物，尤长画牛。此图一经问世便负盛名，宋代时被珍藏在皇宫内苑，即使仓皇南渡赵构皇帝也没忘记带走它。元代时《五牛图》曾归大书画家赵孟頫收藏，被赞之"神气磊落，稀世名笔"。明代此图几易其主，清初一度下落不明，直到乾隆年间，才从民间收集到宫中珍藏。1900年，《五牛图》被八国联军劫出国外，直到上世纪50年代初，才被中央政府斥巨资购回。颠沛流离的《五牛图》回到故宫时已污渍斑斑，孔洞累累，故宫的技师们以精湛的技艺用了几年时间修复，终于还原其本来面目，让这件失而复得的国宝永久地传承下去。

《韩熙载夜宴图》（局部）

此画原作者是五代十国时期南唐的宫廷画家顾闳中，绘写的是南唐中书侍郎韩熙载在家中夜宴宾客作乐的情状。原迹早已佚失，此图被认为是存世最古的摹本，曾为清雍正朝重臣年羹尧所藏，年羹尧获罪抄家后，归入清宫大内。后被末代皇帝溥仪变卖，流落民间。张大千发现后以高价购得，并成为其"大风堂"的镇山之宝。1952年张大千先生将其以低价卖给国家，现藏故宫博物院。

雕石塑土

　　石雕和泥塑是隋唐五代时期雕塑艺术的主要表现形式,大量用于佛道造像和墓葬中。河南洛阳龙门石窟的奉先寺大卢舍那佛是唐代佛教石雕的杰出代表。甘肃敦煌莫高窟、安西榆林窟以及天水的麦积山石窟则以敷彩泥塑见长。这些泥塑的佛和菩萨端庄慈祥,形体和服饰更趋写实,有日趋世俗化的特点。唐代帝陵主要分布在陕西的乾县、礼泉、泾阳、三原、蒲城、富平等六县,其题材和雕刻手法均大大超过了以前的陵墓石刻,是中国古代雕刻艺术的宝库。高祖李渊的献陵和太宗李世民的昭陵为唐初所建,尚属制度未定时期。自高宗李治和武则天合葬乾陵以后,石刻群的组合基本固定,分狮子,石人石马和马夫,翼兽和北门六马,"蕃酋"像,华表,碑石、无字碑和述圣记碑。这些雕刻,既有圆雕,也有浮雕和线雕。其中属初唐和盛唐时期的石刻雄健有力、气魄雄伟,展示了大唐气象。唐代有事死如事生的葬俗,墓中往往随葬有镇墓俑、仪仗俑、僮仆俑和动物俑等,其中不乏雕塑精品。特别是始于初唐后期,盛行于盛唐的低温釉陶唐三彩,是中国古代独特的美术陶瓷。它不仅因釉料中加入大量助熔剂铅,使釉的熔点降低,胎体表面的釉料在受热过程中向四周流动扩散,使各种颜色相互浸润交融,形成自然而又斑驳的效果,而且塑造的人物、动物均生动、新颖,栩栩如生。

南禅寺大殿彩塑

　　殿内17尊唐塑佛像,仍然保持原貌,都是唐代珍品。殿内有一座佛坛,长8.4米,宽6.3米,高0.7米。塑像分布在佛坛上,整个佛像群以释迦牟尼佛为中心,是一个动静结合、各具形态、生动活泼的场面,也是一个尊卑有序、各尽其职、和谐协调的环境。佛坐莲台,慈光四照,尊贵而端庄,严肃而安详,似在讲经说法。骑狮的文殊、坐象的普贤菩萨分列两旁,带着侍从和教民赶来恭听。大弟子阿难和迦叶,分立两旁,凝神注目,显得虔诚而恭谨,好似要把佛说全记在心上;胁侍菩萨戴璎珞,约宝环,亭亭玉立,容貌健美,耳若有闻,心似有思;护法天王,威武健壮,一边张目观察外界,一边侧耳倾听圣言。其余,仰望童子、撩蛮、佛霖等15尊塑像布满佛坛。这些塑像,姿态自然而若动,表情逼真似有神,丰满优美,夸张适度,衣纹简练准确,和谐流畅,一个个栩栩如生,给人以真实感和动感。寺内,须弥座下有唐代砖雕,石塔与石狮。这些塑像,同敦煌莫高窟唐代塑像如出一辙。佛坛四周壸门和叠梁上,雕刻着精美的花纹、花边和莲瓣,是五台山保存的唐代砖雕艺术的杰作。

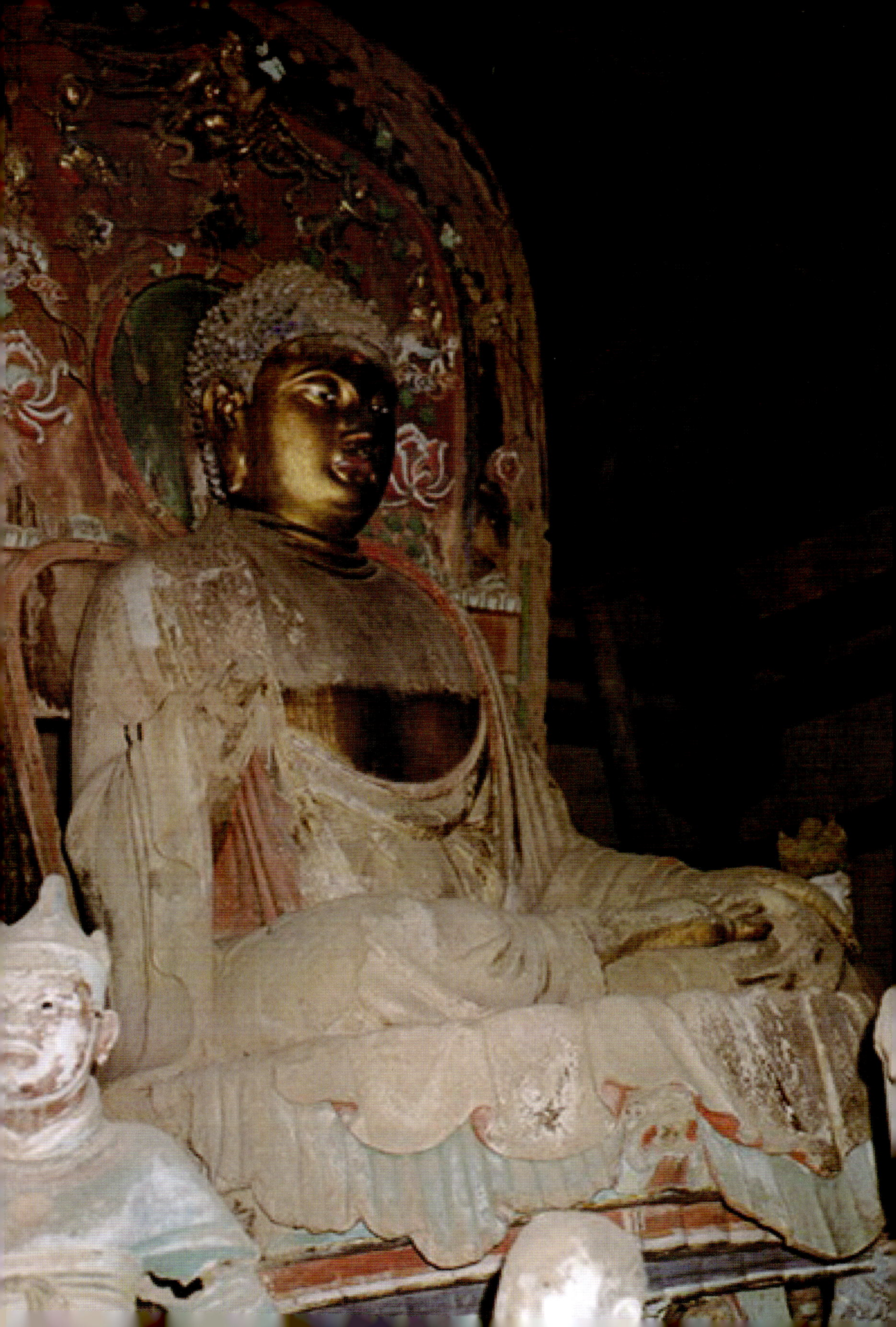

科技篇

僧一行和孙思邈

僧一行（673—727），原名张遂，不仅是唐代一位杰出的天文学家，也是一位佛教学者。他从小刻苦好学，此时正是武则天执政时期，因不愿结交权贵武三思而出家为僧，隐居于河南嵩山，一行是他的法名。出家后，他仍然刻苦学习，不仅精通佛学经义、阴阳五行，还钻研天文地理、数学历算。

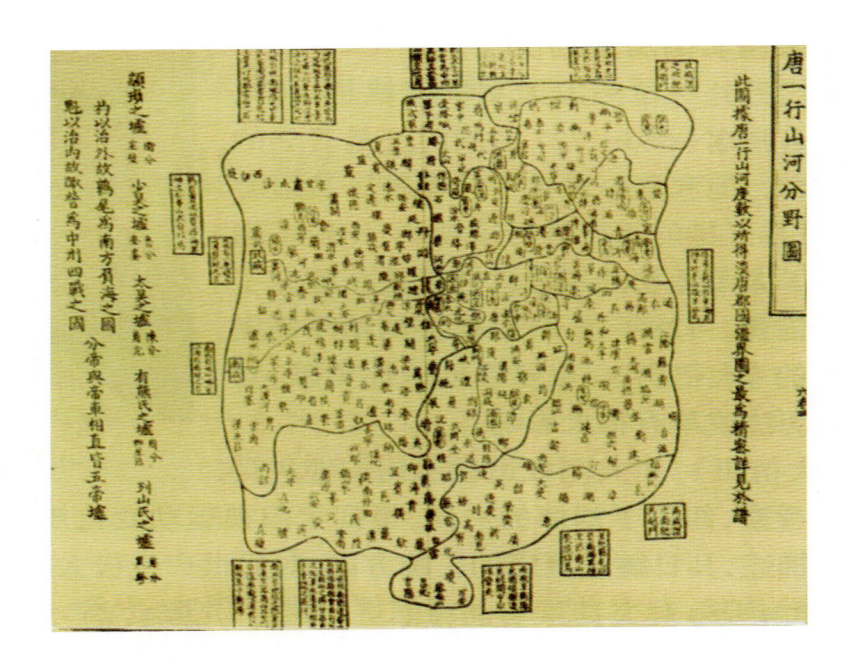

一行的《山河分野图》

图中主要表示有京城、州郡、山河以及与之相对应的星次和星宿等，是一种天文和地理相结合的特殊地图，其表现方法以注记和文字说明为主。该图对于研究我国古代天文分野，即所谓将地面某一地区与天空中的某一星辰相对应之山脉地络等地理学思想有参考价值。现藏于中国国家图书馆。

开元五年（717），因旧历有误差，一行被唐玄宗强招进京，目的是编制新历以取代已经使用了半个世纪的麟德历。为此他提出要制造新仪器，以便观测日月五星的准确位置。他与梁令瓒合作，制成了观测天象的铜浑天仪和黄道游仪，黄道游仪克服了李淳风黄道游仪的缺点，成为当时世界上最先进的仪器。水运浑象仪不仅能演示天气的变化，还发明了能报时的木人，成为中国最早的机械报时装置。也正是用这个仪器，测量了二十八星宿距天球北极的度数，在天文观测中发现了恒星移动的现象，得出星宿位置古今变化的重要结论。一行还组织在全国各地测量日影，客观上实施了对地球子午线的测定，这在全世界还是第一次。

唐代最重要的一次大型天文测量活动是由僧一行主持的，这次测量得出了"大率五百二十六里二百七十步而北极差一度半，三百五十一里八十步而差一度"的结论，无意间测得了子午线的长度，这也开创了人类历史的先河。

以上这些都是为了编写《大衍历》所做的前期准备工作，也正是有了这样扎实而细致的准备工作，开元十七年（729），《大衍历》诞生了。开元二十一年（733），大衍历传入日本，并一直使用了近百年之久。它不仅是这个时期最杰出的历法，也是古代最杰出的历法之一，对古代中国历法乃至整个天文学都具有重大意义。

孙思邈出生于北周时期，京兆华源人。他是隋唐时期最杰出的医学家，一生致力于药物研究，扶危济困，用毕生的心血写下了《备急千金要方》和《千金翼方》两部巨著。这两部巨著全面总结了东汉以来我国古代的医学成就，丰富了我国古代的医学理论和实践知识。特别是《备急千金要方》一书，此书分为30卷，232门，合方论5300首。孙思邈对我国的医学事业做出了

孙思邈像

《备急千金要方》

巨大的贡献,首先他在《备急千金要方》里全面论述了作为医生应恪守的道德标准和行为规范,将医德这一祖国医学的优秀传统加以总结,为我国的医风医德建设起了不可磨灭的作用;其次他还对疾病与医科进行分类探索,第一次将妇产科从"少小科"独立了出来;再次就是他博大精深的医术。

孙思邈一生著书八十多种,其中以《备急千金要方》《千金翼方》影响最大,两部巨著60卷,药方论6500首。《备急千金要方》和《千金翼方》合称为《千金方》,它是唐代以前医药学成就的系统总结,集医药学之大成,大大丰富了祖国医药学宝库,被誉为我国最早的一部临床医学百科全书,对后世医学的发展影响很深远。同时孙思邈也被后世尊称为"药王"。

药王碑苑

陕西耀县药王故里孙原村现存有药王孙思邈诞生遗址、幼读遗址、药王墓及孙氏茔园、药王碑苑和宏伟壮观的药王纪念中心——药王祠堂，每年农历二月初二开展规模宏大的药王孙思邈文化节纪念活动。平时来自日本、中国台湾、中国香港和全国各地的游客络绎不绝。

安济桥、南禅寺和佛光寺

　　安济桥又名"赵州桥"，位于今河北赵县城南的洨河上，是我国现存最古老的石桥，也是世界上现存最古老、跨径最大的敞肩坦弧石拱桥。该桥是由隋代著名工匠李春等人设计建造的。

| 安济桥石栏板

| 安济桥

　　安济桥全长 50.82 米，拱矢高 7.23 米，其特别之处是在主拱券的两肩上各设有一个小拱券，因此被称为敞肩式。像安济桥这种单孔敞肩式石拱桥是目前所知世界上最早的，这种设计的巧妙之处有以下几个方面：首先，减少了洪水对桥的冲击力，增加了泄洪量，可以延长桥的使用寿命；其次，减少了用料，节约了成本，也减轻了桥自身的重量；再次，增加了整座桥的美感。另外安济桥在土木建筑史上是一项伟大的工程，工匠们在拱券的砌筑方面，继承了汉代以来修墓拱和桥拱的方法，又在此基础上进行了创新，采用了"纵向并列法"修砌，这样可以使维修更加的方便。在选料方面，安济桥所用的石料是从附近的元氏、赞皇等县开采的，经过测试抗压强度每平方厘米平均为 1000 公斤，而且耐寒耐热性非常好。

安济桥对中外建桥技术产生了巨大影响，虽然经历了一千三百多年，其间也遭遇过洪水、地震等自然灾害，但至今仍然保存完好，这不得不说是中国建筑史上的奇迹。

　　南禅寺位于山西省五台县，寺宇坐北向南，占地面积为3078平方米。寺内主要建筑有山门（观音殿）、东西配殿（菩萨殿、龙王殿）和大殿，组成一个四合院式的建筑，是中国现存最早的木构建筑，为全国重点文物保护单位。大殿为中国现存最古老的一座唐代木结构建筑，建于唐开元十六年（728），外观秀丽，形体俊美、古朴。三间正殿高大雄伟，据实际测量，面宽11.62米，进深9.9米。方整的基台几乎占了整个院落的一半，大殿三间见方，单檐灰瓦歇山顶，全殿由台基、屋架、屋顶三部分组成，共用檐柱12根，殿内没有天花板，也没有柱子，梁架制作极为简练，墙身不负载重量，只起隔挡的作用。屋顶重量主要是通过梁架由檐墙上的柱子支撑。檐墙起间隔内外和防御风雨侵袭的作用。四周各柱柱头微向内倾，与横梁构成斜角；四根角柱稍高，与层层叠架、层层伸出的斗拱构成"翘起"。既使梁、柱、枋的结合更加紧凑，增加了建筑物的稳

| 南禅寺

固力，又使出檐深而不低暗，使整个大殿形成有收有放、有抑有扬、轮廓秀丽、气势雄浑的风格，给人以庄重而健美的感觉。屋脊两端装饰着鸱吻。全殿结构简练，形体稳健，庄重大方，体现了我国中唐大型木构建筑的显著特色。正殿重建于唐德宗建中三年（782），是我国现存最古老的唐代木构建筑，堪称国宝。殿内的一根大平梁上面，保存有不十分明显的墨迹："因旧名（时）大唐建中三年……重建殿法显等谨志"，是此殿重建年代的佐证。推算起来，距今已一千二百多年了。

佛光寺地处距离五台县城东北三十二公里的佛光山山腰，是现存唐代木结构建筑中的代表性建筑之一。佛光寺创建于北魏孝文帝时期，寺院兴盛于隋唐，寺内殿宇错落有致，其中弥勒大阁是五台山著名的佛殿。木结构建筑的主要构件有柱、梁、枋等，各构件之前全部采用榫卯连接，佛光寺的木制结构建筑其中一个最突出的特点就是它的斗拱构件，斗拱是我国大型木结构建筑的重要组成部分，作用是使柱梁与柱头连接接触面加大，使之更加稳固。佛光寺的斗拱巨大，出檐深远，充分说明了唐代木制结构建筑发展到了非常高的水平。同时佛光寺的柱子也很有特点，在它东殿外有22根柱子，它们全部向中心倾斜，专业术语叫"侧脚"，外檐柱向外抬高，采用这种方法也可以使建筑物更加稳固。另外佛光寺东大殿的屋架设计与近代木屋也是相似的，在屋架的脊檩下采用叉手支撑，叉手与平梁相接，构成三角形，分散承重，这种设计在古建筑中是罕见的。

从佛光寺大殿独特的结构和造型，不难看出我国唐代木结构建筑技术已经达到了十分先进的水平，既符合力学原理，又充分表现出它独特的装饰性。

佛光寺大雄宝殿

佛光寺内的大殿,是仅次于南禅寺大殿的中国现存的最古老的木结构建筑。面阔七间,进深四间,殿内有释迦、弥陀、弥勒三尊佛像,皆各自配有菩萨、天人等塑像,其雄姿极为壮观。大殿前的石经幢上刻有"大中十一年十月四日建造"的文字。

雕版印刷术

大约在一千三百多年前，就有了印刷术，它是我国"四大发明"之一。印刷术是经济文化发展到一定程度的产物。书籍需要批量印刷的主要因素源于以下两个方面：第一，在唐代，佛教文化占据人们生活的主要地位，信佛的人数增加，因此对佛经数量的需求也随之增大；第二，与人们日常生活密切相关的书籍需求量增大。什么叫雕版印刷呢？雕版印刷是将文字或图案先反刻在木板上，再将墨涂在木板上，然后将纸平铺在木板上，用刷子刷，最后将纸揭下来，就得到了一幅完整的印品了。

印刷术的发明需要三大先决条件，墨、纸、技术。

早在新石器时代，中国就出现了黑色的图画，说明当时就有了人造墨。纸张在唐代品种也很丰富，并且已经传到了很多国家。值得一提的则是当时的人们就已经掌握了反刻文字的技术，这与印章的发明和使用是分不开的。印章在我国已经有三千多年的历史了，经过长期的治印，就形成了文字与图画反刻的技术。另外一种与之有关的技术就是墨拓技术，它是将纸打湿后铺在石碑上，经过拍打，待纸干后，再用拓包蘸上墨刷在纸上，这样就将凸起的文字印在纸上了。因此雕版印刷术的发明是经历了一个漫长的发展过程的，它的出现与人们的生产、生活结下了不解之缘。雕版印刷术发明后，就逐渐向周边国家传播开来，对世界文化的发展起到了巨大的推动作用。

唐咸通《金刚经》

这部《金刚经》是现存最早有明确纪年的雕版印刷品，1900年发现于敦煌藏经洞，1907年被英籍匈牙利人斯坦因盗取，原件现藏于大英博物馆。它是唐咸通九年（868）由王玠出资刻印的，由每张长76.3厘米、宽30.5厘米的印本粘连起来，形成总长约为5米的长卷，这卷印品墨色均匀，反映出当时刊刻技术的高超。

火药走向战场

火药是震惊世界的一大发明，其诞生源于一心想要炼出长生不老丹药的道士。炼丹术兴盛于秦汉。起初，人们发现黄金不会生锈，因此人们想从黄金中提取某种物质，希望食用后能长生不老，当时的人们还把各种矿物质和炭放在一起冶炼，这其中也包括硝和硫石，炼丹士们在冶炼的过程中发现硫黄很容易着火，难以控制，因此他们就采用了一种特殊的方法——伏火，就是将硫黄与某种易燃的物质混合后慢慢加热，这样可以使硫黄的性质得到一些改变。硝则是一种易燃烧的物质。硝、硫黄再加之炭，火药就在炼丹炉里产生了。

对于火药易爆炸的特性，在唐代的诸多典籍里均有记载：如在《真元妙道要略》中就曾提示炼丹士："以硫磺、雄黄合硝石并蜜烧之；焰起，烧手面及烬屋舍者。"通过描述，足以看出当时的人们就已经认识到火药的威力了。

孙思邈在《孙真人丹经》中就有混合硫黄、硝石和炭制成火药的相关记载，这是世界上关于火药最早的记载。

炼丹士们发明火药后，火药慢慢走向了战场，唐朝末年战争频繁，在唐朝灭亡的前一年，淮南将秦裴兵攻洪州城时，淮南兵"以机发火"（《九国志》）。这是火药第一次在战场上显示它的威力，与此同时，很多人都利用火药的制造技术，制造火器。

硝、硫、炭标本

初期的火药成分以硫黄为主体，后来形成硝、硫、炭三种物质，由于燃烧时冒出黑色的烟雾，因此被称为黑火药，同时在燃烧时会产生大量的气体，体积迅速膨胀，发生爆炸。

娱乐篇

催马战犹酣——打马球

马球，又叫波罗球，起源波斯，是一项马上打球的活动，唐代传入后成为盛行的群众性体育项目。打马球一般分作两队，人数不拘，设裁判。球门依参赛人数多寡设一或两个，一般是一块木板，板心挖一圆洞，后接网盛球。赛前宣布赏格，以破门为胜，胜者获奖。赛中，有音乐助兴、有击鼓助威。马球大小如拳，由轻韧木剖空其心制成。球杖也是木质，长数尺，杖头似弯月，有些类似今天的冰球球杆。球场的大小不等，但要平坦，以便跑马驰骋，讲究的球场甚至还洒上油，使之更加光滑。正式比赛时穿专门的球衣。

唐代皇帝喜好打马球的很多，所以宫中多处建有球场，他们当中不乏球艺出众的高手。据说，玄宗李隆基没登基前，曾和驸马、亲王等4人与吐蕃的10名使者在宫中进行过一场马球大战，玄宗

唐代彩绘骑马打球女陶俑
高32—36厘米 1958年陕西省西安市唐墓出土

这组陶俑表现的是一场唐代女子马球比赛。这些女子身着紧身服，所骑马匹都尾巴束起，以防争抢中马尾相互缠绕。她们手拿的木质球杖已朽失，但她们策马击球的身姿神情仍栩栩如生。

纵马东奔西突，风驰电掣，所向无敌。唐代军中更是盛行马球，这项活动不仅可以娱乐犒军，而且剧烈的马上竞技对抗活动还能训练将士，所以许多地方都建马球场。"中兴名将"李光弼就在军中打球消遣。文人学士也不示弱，京师长安每当开科考试，金榜题名的进士们有到著名球场月灯阁打马球展风采的习俗。激烈的赛事，吸引众多看客。马球在民间也很流行。百姓虽然没有条件筑球场，穿特制的球衣，但街头里巷到处可以打球为乐。正像上页图中这套打球俑表现的，妇女也参与打球，唐诗中就有"自教宫娥学打毬，玉鞍初跨柳腰柔"的诗句。此外，马球自然主要是骑马打球，但也有骑驴或步打的记载。

狩猎之乐

狩猎自古有之，且好之者甚多。因为狩猎这项活动很能展现个人体能、胆略、骑射技能和心理素质，当然也讲究集体的配合。一代英主唐太宗李世民就酷爱打猎，他曾经这样形容狩猎之乐："大丈夫在世，乐事有三：天下太平，家给人足，一乐也；草浅兽肥，以礼畋狩，弓不虚发，箭不妄中，二乐也；六合大同，万方咸庆，张乐高宴，上下欢洽，三乐也。"这位雄才大略的政治家能把狩猎和国泰民安相提并论，可见此项活动带给他的身心愉悦多么大。太宗不仅喜欢打猎，而且技术高超。据说，一次在洛阳苑打猎时，一群野猪突出林中，太宗引弓射箭，四发射杀四野猪。太宗的弟弟元吉更是沉湎此道，自称"我宁三日不食，不可一日不猎"。据说，在长安城太极宫宫殿区的北门玄武门上曾绘过玄宗一箭射中两猪的图画，说明玄宗也是个射猎高手。上有行者，下必效之，擅长骑射，喜爱狩猎，成为唐代上流社会时兴的活动。反映在唐代贵族的墓葬中，这一时期出土了大量狩猎图壁画、狩猎陶俑，甚至在丝织品、铜镜和金银器皿上也有表现狩猎场面的纹样。

王昌龄的《观猎》云："角鹰初下秋草稀，铁骢抛鞚去如飞。少年猎得平原兔，马后横捎意气归。"唐人打猎要放鹰驱狗，皇宫中就专门有养、训鹰犬的地方。此外，唐人还有驯猎豹、猞猁带着出猎的。这些动物很多都是来自东亚、西亚的珍稀贡品。狩猎之乐也感染了诗人,唐代许多大诗人写过《观猎》诗,王维描写的是一次军中狩猎:"风劲角弓鸣,将军猎渭城。草枯鹰眼疾,雪尽马蹄轻。忽过新丰市,还归细柳营。回看射雕处,千里暮云平。"

唐代三彩绞釉陶狩猎骑俑
高 37 厘米 长 27 厘米 1971 年陕西省乾县懿德太子墓出土

这件狩猎陶俑的猎手骑在马上,头戴幞头,身穿圆领窄袖长衫,脚登高筒靴。他腰挎箭袋,马背上驮着猎物,显然是刚刚狩猎归来,正在聚精会神地给立功的猎鹰喂食。

"梨园"由来

旧日习惯称戏曲界是梨园行,戏曲演员是梨园子弟。但"梨园"在唐朝诞生时,歌舞、说唱、戏曲等还没有这么明确的区分,笼统地都归之于音乐。所以,最早的梨园子弟包括歌儿舞女及演奏者。

唐朝的统治者十分重视音乐的作用,早在建国之初,就在隋"九部乐"的基础上在宫廷设置了"十部乐"。十部乐中既吸收了像西凉、龟兹、疏勒、高昌等少数民族的音乐,也有来自中亚的康国乐、安国乐以及高丽乐等。唐代在宫廷的重要庆典或宴会上都有音乐演出,当时一些流行的曲目甚至传到了国外。玄奘在印度留学期间和戒日王见面时,这位印度的霸主就和他谈到大唐的《秦王破阵乐》。唐玄宗是一位政治上非常有作为的皇帝,在他的统治下,唐朝进入了开元、天宝长达四十余年政局比较稳定的鼎盛时期。他还是个多才多艺的天子,善骑射,通音律、历象之学,擅长八分书等,其中尤为突出的是他的音乐才能。唐玄宗不仅爱好、大力提倡音乐,本

唐代演奏陶俑

高 11—11.5 厘米　1955 年陕西省西安市出土

这套演奏俑所用的乐器分别有箜篌、拍板、横笛、排笙、琵琶、箫等,是从当时流行的乐队中选取了有代表性的部分乐器。从这些演奏俑的表演上可见唐代"梨园"景象之一斑。

人还是当之无愧的音乐家。他能作曲、擅奏乐，并且挑选了三百乐工，数百宫女，在听政之暇，亲自在宫中的梨园和宜春院进行专门训练。据说，当丝竹管弦排练时，即使有一声错误，他都能听出来加以纠正。他甚至穿上舞衣对他们教演调度。每逢节庆，宫中举行演出时，玄宗会亲自鼓励上场的演员："好好作，莫辱没三郎（自称）。"所以，这些艺人被称为"皇帝梨园子弟"，"梨园"这个称呼也就这样流传了下来。

流香动舞巾

在唐代，只有皇室宫廷、王府、高官私邸中才有资格备有乐舞伎。乐舞图像是有唐一代皇室成员和高官壁画墓中一种较为常见的图像，是墓主人身份地位的体现。

唐代建国之初，乐舞制度全套继承隋制，在隋代的"七部伎""九部伎"的基础上增设一部为"十部伎"。对"雅乐"，则遵循"五帝异乐，三王殊礼"，重新制礼作乐。虽说"陈梁旧乐，杂以吴楚之音，周齐旧乐，多涉胡戎之伎"，但唐太宗李世民的指导思想却是广征博采、多方吸收，"斟酌南北，考以古音，作为大唐雅乐"。唐代设立了专门的乐舞机构，如太常寺、梨园、教坊等，以培养高层次的人才。舞蹈大家如高宗时著名"舞胡"安叱奴，武则天侄孙武延秀，其剑舞被誉为"盛唐三绝"之一的裴旻将军，玄宗时宫廷舞伎公孙大娘，善舞《霓裳羽衣》和《胡旋舞》的杨贵妃，以《惊鸿舞》著称的梅妃，舞《凌波曲》闻名宫内的谢阿蛮，晚唐宫伎沈阿翘等，如群星丽天。五彩缤纷的节目，高超的演技，使唐舞开一代新风。唐舞打破了汉代以来舞蹈杂技同台并存的局面，成为独立的表演艺术品种。而其舞种之多样，舞姿之新颖，气魄之宏伟，更是空前的，从而形成了燕乐舞蹈的高峰，并饮誉国内外。

红衣舞女壁画

显庆三年（658） 高115.5厘米 宽69.5厘米
1957年陕西省西安市郭杜镇执失奉节墓出土

壁画主人为突厥人执失奉节，全部壁画已脱落，仅存下巾舞一图。壁画两边残存红色屏风边框，舞女头梳高髻，穿敞胸窄袖衫，着红百褶裙，手执披帛，舒展双臂，缓步起舞。汉、魏时已用于宴享的巾舞，其特点是双手执长巾而舞，不但史籍有载，汉代画像砖石中更有多幅生动逼真的巾舞图。如四川成都扬子山汉墓出土的百戏画像砖，一女舞者双手舞长巾，横飘空中。唐代妇女盛行肩披披帛，执披帛或长巾而舞，壁画和文物中仍有不少执巾而舞的，"曲尽回身处，层波犹注人"，可见巾舞在唐代仍盛行不衰。

博弈游戏

新疆阿斯塔纳唐墓中曾出土一幅唐代仕女弈棋绢画。画中女子正在聚精会神地对弈,棋盘清晰可见,与今日围棋很相似。

下棋是唐人日常爱好的娱乐消遣活动。唐代流行的棋类游戏中最主要的是围棋。围棋在唐代获得较大发展,至晚唐时代已经与今日的围棋相差不多。帝王公卿、文人学士、平民百姓都有好棋者和棋坛高手。宫廷中翰林院还设置了"棋待诏"职位,召天下围棋高手专门研究棋艺,因此出现了一些青史留名的围棋名家,如王积薪、顾师言等。

唐代还盛行一种与棋类相似的博弈游戏"双陆",这也是一种双方对阵的竞技游戏,有学者认为它的玩法与现代跳棋有点相似。唐代仕女画中有双陆图,史书也有许多关于帝王后妃玩双陆的记载。唐玄宗在宫中玩双陆时,每到要输的时候,善解人意的杨贵妃便放出白鹦鹉搅乱棋局。

类似的博戏还有象棋、弹棋、叶子戏、选格、藏钩等,这些都是人们日常消闲娱乐的游戏活动。

| 新疆阿斯塔纳唐代仕女弈棋绢画

结 语

中国历史到了隋唐五代时期，进入到一个全面繁荣的新高潮。无论是隋唐前期的鼎盛局面，还是唐朝后期至五代十国的社会变革和发展转折，其宏大的格局、开放的气势、壮阔的场面，为前代所无法比拟。

农业生产工具的改进，水利设施的完善，生产经验的推广，良种的普遍使用，推动农业生产达到了一个新的阶段。手工业继承、发扬并超越了前人的成就，丝织、唐三彩、金银器、瓷器等方面蓬勃发展。交通的改进和完善，也促进了商品经济的发展。而经济的繁荣、物质的丰富使得这一时期社会生活质量有很大提高，人们衣食住行更加精致、多彩。

各民族间及中外交流的空前频繁，使得社会生活呈现出开放和多种文化习俗融合的时代特色。传统儒学进一步发展，道教走向兴盛，佛教高度发展和高度中国化。科学技术、天文历算进步突出。文学艺术百花齐放，绚丽多彩，诗词、散文、传奇、音乐、舞蹈、书法、绘画、雕塑，成就卓然，辉耀千古。

拥有先进文明、富庶强大的中国是当时世界、特别是亚洲各国经济文化交流的中心。丝绸之路达到极盛，海上交通的规模也远超前代。作为大一统的帝国首都，长安不仅是当时全国政治、经济和文化的中心，也是那个时代东亚文明的中心。

　　隋唐五代时期，继承发扬了前代的优良传统，吸收融汇了外来文化的新鲜养分，绽放出世界中古史上璀璨的文明之花，为人类文明的发展做出了卓越的贡献。